MANUAL DE EPIDEMIOLOGIA

MANUAL DE EPIDEMIOLOGIA

2018

Inês Fronteira

ALMEDINA

MANUAL DE EPIDEMIOLOGIA

AUTOR

Inês Fronteira

EDITOR

EDIÇÕES ALMEDINA, S.A.

Rua Fernandes Tomás, nºs 76-80

3000-167 Coimbra

Tel.: 239 851 904 · Fax: 239 851 901

www.almedina.net · editora@almedina.net

DESIGN DE CAPA

FBA.

PRÉ-IMPRESSÃO

EDIÇÕES ALMEDINA, SA

IMPRESSÃO E ACABAMENTO

Vasp - DPS

Outubro, 2018

DEPÓSITO LEGAL

446975/18

ALMEDINA | GRUPOALMEDINA

BIBLIOTECA NACIONAL DE PORTUGAL – CATALOGAÇÃO NA PUBLICAÇÃO

FRONTEIRA, Inês

Manual de epidemiologia. – (Olhares sobre a saúde)

ISBN 978-972-40-7685-0

CDU 614

APRESENTAÇÃO

A epidemiologia é necessária a qualquer estudante ou profissional da área da saúde, assim como a quem pretenda perceber um pouco melhor o pensamento em saúde.

Este livro resulta da minha experiência de ensino com alunos de licenciatura, de mestrado e de doutoramento que, através das suas questões, e ao longo dos anos, me foram ensinando epidemiologia.

Tem como objetivo apresentar as questões mais básicas da epidemiologia e que utilizamos com muita frequência, de forma simples e clara. Todos os anos, os meus novos alunos referem ter "medo" da epidemiologia e todos os anos lhes digo que a epidemiologia é algo que se vai aprendendo com a prática e que o meu papel é introduzir-lhes os conceitos básicos. É também esse o objetivo deste livro.

O livro encontra-se dividido em sete capítulos. No capítulo de introdução à epidemiologia abordamos a história da evolução da epidemiologia e a forma como esta evolução modelou o método epidemiológico. Incluímos, também, algumas das aplicações atuais da epidemiologia.

No capítulo sobre tipo de estudos, analisamos as principais características e alguns dos vieses dos estudos experimentais e dos estudos observacionais, no seu desenho mais clássico.

No capítulo de medidas de ocorrência de doença, distinguimos entre prevalência e incidência, comparamos as duas medidas, a sua adequação aos problemas de saúde e explicamos o seu cálculo.

No capítulo de medidas de associação, risco e comparação estudamos o odds ratio, o risco relativo e a razão de riscos e a fração atribuível.

No capítulo de causalidade em epidemiologia, discernimos sobre a diferença entre uma associação estatística e uma causa em saúde, tendo por base o conceito epidemiológico de causa e as orientações de Bradford Hill.

No capítulo sobre questões éticas em epidemiologia, analisamos os princípios éticos à luz das suas implicações na investigação epidemiológica.

Por último, no último capítulo, apresentamos algumas orientações para aqueles que desejem escrever um protocolo de estudo epidemiológico.

Introdução à epidemiologia

A epidemiologia é uma disciplina científica quantitativa que se baseia na utilização de métodos científicos sistemáticos e não enviesados para colher, analisar e interpretar dados. Etimologicamente, a palavra EPIDEMIOLOGIA contém três elementos com origem no grego, EPI – em cima; DEMO – divisão territorial, povo; e LOGIA – estudo. De acordo com estes elementos, a Epidemiologia poderá ser compreendida, numa primeira abordagem, como o estudo sobre populações.

Assim, podemos afirmar que o foco primordial da epidemiologia são as populações. Esta característica é extremamente relevante no pensamento epidemiológico, remetendo para a necessidade de os estudos epidemiológicos serem realizados em populações ou, em alternativa, em amostras representativas que permitam a generalização dos achados amostrais para a população. O que pretendemos, em epidemiologia, é, de facto, conhecer a saúde e os eventos de doença na população já que será sobre esta que instituiremos o tratamento epidemiológico.

É possível que, ao refletir sobre o que é a epidemiologia, tenha colocado a hipótese de a epidemiologia ser a ciência que estuda as epidemias. Também é, mas não é só. O facto de muitas vezes a epidemiologia ser associada ao estudo das epidemias tem a ver não só com a semelhança fonética e ortográfica das duas palavras, mas também com o facto de, durante muitos anos, e porque era esse o padrão de doença predominante, a epidemiologia se ter ocupado do estudo da distribuição e determinantes de doenças infeciosas.

Atualmente, e de acordo com o *Dictionary of Epidemiology*, **epidemiologia** define-se como:

> *"O estudo da ocorrência e distribuição de eventos, estados e processos relacionados com a saúde em populações específicas, incluindo o estudo dos determinantes que influenciam esses processos e a aplicação desse conhecimento ao controlo dos problemas de saúde relevantes.*
> *Estudo inclui vigilância, observação, rastreio, teste de hipóteses, investigação analítica, experimentação e predição. Distribuição refere-se* à análise por *tempo, lugar (ou espaço) e população (...). Determinantes* são todos os *fatores geofísicos, biológicos, comportamentais, sociais, culturais, económicos e políticos que influenciam a saúde. Estados, eventos e processos de saúde incluem surtos, doenças, problemas, causas de morte, comportamentos, processos socioeconómicos e ambientais, efeitos de programas preventivos e utilização de serviços de saúde e sociais. Populações específicas* são aquelas com *contextos comuns e características identificáveis.»*[1]

É interessante percebermos que, ao longo dos séculos, a definição de epidemiologia se foi alterando em função das alterações no panorama epidemiológico[2] (i.e., das doenças e problemas de saúde predominantes) e dos avanços conceptuais na compreensão da saúde e dos seus determinantes. Por exemplo, na década de 20 do século passado, Frost, um epidemiologista cujos contributos foram de suma importância para o estudo das doenças infeciosas, definia epidemiologia focando-a nos fenómenos de massa (que podemos entender como epidemias) das doenças infeciosas. No seguimento da definição holística de saúde[3], aquando da sua constituição, em 1948, a Organização Mundial de Saúde incluiu, na definição de epidemiologia, o estudo da incapacidade, realçando, assim, que estados de saúde pobres são, igualmente, relevantes para esta ciência.

[1] A Dictionary of Epidemiology, ed. by Porta, Miquel and others, 6th Edition (IEA, 2014), p. 95. (tradução da autora).

[2] Vide Abdel R Omran, 'The Epidemiologic Transition: A Theory of the Epidemiology of Population Change', *The Milbank Quarterly*, 83.4 (2005), 731–57 <https://doi.org/10.1111/j.1468-0009.2005.00398.x>. sobre transição epidemiológica.

[3] Para definição de saúde vide World Health Organization, 'Constitution of the World Health Organization', 1948 <http://www.who.int/governance/eb/who_constitution_en.pdf>.

Assim, o objeto primário de conhecimento em epidemiologia, enquanto disciplina científica, é composto pelas causas dos problemas e eventos de saúde nas populações sendo que os determinantes ou fatores que influenciam a forma como as doenças e os problemas de saúde ou estados "pobres de saúde" são estudados relativamente à sua frequência e distribuição. O estudo da distribuição da saúde *latu sensu* implica o estudo da doença, morte, incapacidade e estados positivos de saúde quer em termos de resultado final quer em termos de evolução ao longo da vida.

Breve história da Epidemiologia

A história da epidemiologia pode ser dividida em três períodos: os primórdios da epidemiologia que se iniciam no século V a.C. e terminam em 1830, a era da epidemiologia clássica que ocorre desde a segunda metade do século XIX até à primeira metade do século XX e a era da epidemiologia moderna que se inicia na segunda metade do século XX[4].

Primórdios da epidemiologia

As primeiras "ideias epidemiológicas" da medicina ocidental remontam ao corpo de conhecimento hipocrático, no século V a.C. Na obra hipocrática "Água, Ares e Lugares"[5] existe uma tentativa clara de relacionar a doença com elementos do ambiente como o clima, a água, o solo ou os ventos dominantes. Pela primeira vez, surge o conceito de causa de doença:

> *"Estes trabalhos distinguem o ambiente, representado pelo ar, água e lugar, da pessoa, representada pela constituição individual. Assim, precoce e perspicazmente, separam os fatores da pessoa (como podemos antecipar, mais tarde utilizada como hospedeiro) e ambiente. Encararam-nos como ambos contribuindo para as manifestações específicas da doença."*[6]

[4] Rodolfo Saracci, 'Introducing the History of Epidemiology', in *Teaching Epidemiology: A Guide for Teachers in Epidemiology, Public Health and Clinical Medicine,* ed. by Jorn Olsen, Rodolfo Saracci, and Dimitrius Trichopoulos, 2nd Edition (Oxford University Press, 2001)

[5] Hippocrates, *On Airs, Waters and Places* (Kessinger Publishing, 5AD).

[6] Susser, Mervyn and Stein, Zena, Eras in Epidemiology: The Evolution of Ideas (Oxford University Press, 2009), p. 27. (tradução da autora)

Depois de Hipócrates, os avanços em termos da doença e das suas causas foram relativamente poucos[7]. **Lucretius (séc. I-II a.C.)** ao postular que as doenças mais frequentes e letais pareciam passar quer de pessoa a pessoa quer a partir de germes (do ambiente) para a pessoa, introduziu o conceito de contágio. Mais tarde, **Fracastoro (1478-1553)** postulou a primeira "teoria dos germes" ao defender e sistematizar o conhecimento referindo que as doenças eram transmitidas por entidades e que se auto-propagavam. **Paracelsus (1493-1541)** referiu que a doença era atribuível a causas ambientais de vários níveis (cósmicas e mundanas), tendo identificado a exploração de minas de prata como uma fonte de doença e construído um argumento sobre os venenos ambientais como causa de doença respiratória. **John Graunt (1620-1674)** realizou, pela primeira vez, o tratamento de dados com exame crítico das fontes, uso de frequências e aplicação de métodos para lidar com determinados tipos de problemas. **Thomas Sydenham (1624-1689)** desenvolveu duas ideias centrais: as doenças são entidades específicas e as condições ambientais governam a emergência e resultado da doença. **Ramazzini (1633-1714),** no trabalho "Discurso sobre as doenças dos trabalhadores", abordou uma série de riscos potenciais para doenças relacionadas com a profissão. **James Lind (1716-1794)** realizou, em 1753, o primeiro estudo experimental para encontrar um tratamento para o escorbuto. **George Baker (1722-1809),** em 1767, em Devon, no Sudoeste da Inglaterra, demonstrou que o envenenamento por Chumbo causava a cólica de Devonshire. Por último, **Percival Pott (1714-1788)** forneceu, em 1775, a primeira evidência conhecida de uma fonte ambiental de cancro – identificou a exposição à fuligem nos limpa-chaminés como estando relacionada com o desenvolvimento de cancro do escroto. Como resultado do seu trabalho, foi proibida a contratação de crianças para limpa-chaminés[8].

[7] Para uma descrição mais detalhada dos exemplos que seguem vide Susser, Mervyn and Stein, Zena, *Eras in Epidemiology: The Evolution of Ideas* (Oxford University Press, 2009).

[8] Os limpa-chaminés eram crianças do sexo masculino que eram seleccionadas devido ao seu tamanho.

Epidemiologia clássica

A Revolução Francesa, no final do séc. XVIII, teve uma importante influência na epidemiologia[9]. Os ideais revolucionários de liberdade, igualdade e fraternidade tornaram notórias as disparidades entre a saúde dos indigentes e pobres e a das restantes classes. Houve sérios esforços de melhoria das condições de prestação de cuidados de saúde quer nos hospitais e hospícios quer em asilos psiquiátricos. O reconhecimento, por Napoleão, da importância da saúde e do seu estudo, levou à formação de vários médicos e cirurgiões que, após a captura do seu líder, retornaram a França e prosseguiram com os seus estudos. Durante o século XVIII, a atividade e desenvolvimento epidemiológicos tiveram o seu epicentro em França[10].

Um dos casos mais conhecidos desta época é o de **Charles-Alexandre Louis**[11], médico francês que ficou conhecido pela publicação da obra *"Recherches sur les effets de la saigneé dans quelques maladies inflammatoires"*. Nesta obra, Louis demonstrou, através da realização de estudos observacionais, que a utilização da sangria não era eficaz no tratamento das doenças e, como tal, contribuiu para a redução desta prática. Defendeu, também, o uso do "método numérico" na medicina como forma de determinar a eficácia de um determinado tratamento ou acção e reconheceu a necessidade de ter dados sobre a mortalidade para estudar a saúde.

Eventualmente, e perante a inexistência, em França, de um sistema de registo de mortes, a epidemiologia acabou por estagnar. No entanto, Louis contribuiu para a formação de muitos médicos ingleses e norte americanos. Um dos seus alunos foi **William Farr**[12], médico que se veio a tornar um importante sanitarista em Inglaterra. Entre 1835 e 1845, o epicentro da epidemiologia moveu-se para Inglaterra. Aqui os médicos aplicaram o método numérico de Louis aos problemas de saúde e contribuíram para a formação de duas importantes instituições: o *Registrar-General's Office* e a *London Epidemiological Society*.

[9] Susser, Mervyn and Stein, Zena.
[10] Susser, Mervyn and Stein, Zena.
[11] Vide Roy Porter, *The Greatest Benefit to Mankind: A Medical History of Humanity* (W.W. Norton & Company, Inc, 1997).
[12] Porter.

Em 1836 o parlamento inglês criou o *Registrar-General's Office* onde, a partir daí, os registos de nascimento, morte e casamento de Inglaterra passaram a ser centralizados. O primeiro relatório desta instituição, essencialmente por motivos políticos, apresentava dados úteis para as companhias de seguros. Com chegada de William Farr à direção, o foco passou a ser a saúde pública, o que se tornou a principal característica desta instituição e das que lhe sucederam.

Em 1843, uma análise sobre a mortalidade em Liverpool, conduzida pelo *Registrar-General's Office* levou à aprovação do Ato Sanitário de Liverpool de 1846 que criava um código sanitário, estabelecia uma autoridade local de saúde pública para o aplicar e criava a posição *de Medical Officer of Health*, um médico responsável pela implementação do código e gestão da autoridade. Este Ato serviu de modelo à organização da autoridade local de saúde pública inglesa durante a segunda metade do século XIX.

William Farr desenvolveu igualmente o conceito de vigilância da mortalidade como forma de analisar os padrões de doença das populações. Foi o primeiro uso regular das estatísticas vitais e outros dados demográficos na epidemiologia. Este médico foi um dos fundadores da *London Epidemiological Society*, criada com o objetivo de determinar a etiologia da cólera.

Um dos seus sócios fundadores, **John Snow**[13], realizou uma série de estudos sobre a ocorrência da cólera em Londres, entre 1848 e 1854. Adicionalmente, reviu os relatórios sobre as epidemias em embarcações e na Europa.

Em 1831, Londres tinha sido atingida por um surto de cólera que se suspeitava ser proveniente da Ásia. Entre 1831 e 1854 ocorreram quatro surtos e, por não se conhecer a causa e o modo de propagação da doença, não existiam intervenções específicas e eficazes. Em 1849, Snow observou que as taxas de cólera eram particularmente elevadas em algumas zonas de Londres comparativamente com as outras. Snow considerava que a cólera era causada por um veneno contido na água. Nesse ano, em Londres, a água era fornecida por duas companhias – a *Lambeth*

[13] Vide 'John Snow – a Historical Giant in Epidemiology' <http://www.ph.ucla.edu/epi/snow.html> [accessed 11 April 2018] sobre vida, obra e história da sua ligação com o estudo da cólera.

Company e a *Southwark and Vauxhall Company*, que captavam a água num local particularmente poluído. Entre 1849 e 1854, a *Lambeth Company* mudou de ponto de captação da água para um local menos poluído do Rio Tamisa[14].

Quando, em 1854, ocorreu uma nova epidemia, cerca de dois terços da população residente em Londres, a Sul do Rio Tamisa, era abastecida pelas duas companhias. Nesta zona, o sistema de abastecimento de água estava de tal modo desenhado que, numa mesma casa, podia existir fornecimento de água por duas companhias diferentes. Snow, registou o número de casas abastecidas por cada uma das companhias e calculou as taxas de mortalidade por cólera por 10 000 casas nas primeiras sete semanas da epidemia utilizando, para tal, dados fornecidos por Farr. Ao comparar os dados, verificou que a taxa de mortalidade nas casas fornecidas pela *Southwark and Vauxhall Company* era cerca de 8 a 9 vezes superior à verificada nas casas abastecidas pela *Lambeth Company*.

Estes resultados, em conjunto com os provenientes do estudo do surto de Broadstreet e de outras características das epidemias de cólera, levaram Snow a concluir que existia um "veneno de cólera" que era transmitido pela água poluída.

Snow chegou aos seus resultados utilizando uma organização lógica das observações, reconhecendo uma experiência natural e tendo uma abordagem quantitativa da ocorrência de doença na população humana.

Outro grande contributo para o desenvolvimento da epidemiologia, nomeadamente na utilização da comparação de grupos, foi o de **Ignaz Semmelweis**, médico húngaro que ensinava medicina em Viena[15]. Em 1846, Semmelweis constatou que a mortalidade por febre puerperal em mulheres assistidas por médicos durante o trabalho de parto era muito superior à verificada em mulheres que tinham sido assistidas por parteiras. Ao observar a prática de médicos e de parteiras, Semmelweis concluiu que a diferença estava no facto da maior parte dos médicos começarem o seu dia por realizarem exames *post mortem* a mulheres que, no dia anterior, tinham falecido por febre puerperal. Começou, então, a suspeitar que a explicação para as diferenças nas taxas de mortalidade pudesse resultar deste facto. Quando um dos seus colegas se cortou

[14] Vide Snow, John, *Sobre a Maneira de Transmissão Da Cólera* (São Paulo: Hucitec, 1990).

[15] Porter.

acidentalmente ao realizar um destes exames e desenvolveu uma doença semelhante à das puérperas, Semmelweiss compreendeu que essa seria provavelmente a origem da doença. Começou por instituir que todos os médicos lavassem as mãos após a realização de exames *post mortem* e antes de examinarem as mulheres. Com esta medida, as taxas de mortalidade por febre puerperal em mulheres assistidas por médicos e por parteiras igualaram.

Durante o séc. XIX foram muito os contributos que permitiram o estabelecimento da epidemiologia como uma ciência populacional e o desenvolvimento do método numérico (ou quantitativo como nos é contemporâneo). Disciplinas como a demografia, a sociologia ou a biologia evolucionista de Darwin estabeleceram as bases do conhecimento com base em populações ou grupos e resultaram de um novo pensamento do qual acabou por emergir a epidemiologia. Morabia[16] explica:

> *"Os casos de Malthus, Darwin, Marx e Quetelet não são exaustivos do impacto do pensamento populacional nas ciências sociais e humanas do século dezanove. O fenómeno populacional também atingiu a medicina (...) e originaria a sociologia, a antropologia, etc. Para ter uma ideia completa temos de nos lembrar que, após a Revolução Francesa, e durante todo o século XIX, as populações adquiriram um papel central na arena política e na transformação da maioria das sociedades Europeias e Norte Americanas em democracias parlamentares. Algumas das disciplinas novas, não médicas, como a sociologia ou a economia política estavam interessadas em identificar indicadores do estado de saúde ao nível populacional. Friedrich Engels (1820-95) amigo próximo e colega de Marx, na sua clássica descrição das condições da classe trabalhadora de Inglaterra, dá uma imagem vívida mas esquálida do escandaloso ambiente de trabalho, dieta e condições de trabalho impostas aos trabalhadores pela industrialização. Tal levou a que questionasse: «Como é possível que, sob tais condições, as classes baixas sejam saudáveis e vivam mais tempo?»"*

Os avanços do séc. XIX incluíram a emergência da comparação de grupos e do pensamento populacional e são estes aspectos, desenvol-

[16] Morabia, Alfredo, 'Epidemiological Methods and Concepts in the Ninetheen Century and Their Influences in the Twentieth Century', in *The Development of Modern Epidemiology: Personal Reports from Those Who Were There*, ed. by Holland, Walter, Olsen, Jorn, and Florey, Charles (Oxford University Press, 2008), pp. 17–29 (p. 19). (tradução da autora)

vidos de modo a formar uma primeira teoria de pensamento populacional e de comparação de grupos, que deram lugar à epidemiologia moderna. No entanto, e antes de nos debruçarmos sobre a epidemiologia moderna, é fundamental reflectir sobre o facto de Snow, Semmelweis e muitos outros terem baseado as suas conclusões, verdadeiras, diga-se de passagem, em observações feitas com método mas, na maioria dos casos, num vácuo de conhecimento.

Epidemiologia moderna

Podemos dividir o período da epidemiologia moderna em dois tempos: aquele que cobre os primeiros cinquenta anos do séc. XX e aquele que o sucede, até aos dias de hoje[17].

Os primeiros epidemiologistas "modernos" começaram por formalizar alguns dos desenvolvimentos empíricos observados no século XIX. Foi durante esta fase que os métodos e conceitos epidemiológicos adquiriram os seus fundamentos teóricos que, contudo, permaneceram bastante simples. De acordo com Morabia[18] *"Uma contribuição teórica importante nesta fase consistiu na identificação das fontes de interpretações falaciosas a partir de comparações de grupos afectadas por uma multiplicidade de causas e em propor soluções para as minimizar."*

Ainda na primeira metade do séc. XX, três epidemiologistas, a trabalhar de forma independente, identificaram o problema do confundimento – Yule, Greenwood e Bradford Hill. Yule descreveu, formalmente e pela primeira vez a ideia de confundimento, apelidando-o de falácia e definindo-o como *"falácias que podem ser causadas pela mistura de registos"*[19]. Para ilustrar o conceito de confundimento, Yule utilizou o exemplo de um atributo que não é transmitido pelos pais ou mães aos seus filhos mas que, quando analisados conjuntamente os dados dos

[17] R Saracci, 'Epidemiological Concepts Pre-1950 and Their Relation to Work in the Second Half of the Century', in *The Development of Modern Epidemiology: Personal Reports from Those Who Were There,* ed. by Holland, Walter, J Olsen, Jorn, and Florey, Charles (Oxford University Press, 2008), pp. 31–40.

[18] Morabia, Alfredo, 'Epidemiological Methods and Concepts in the Ninetheen Century and Their Influences in the Twentieth Century', in The Development of Modern Epidemiology: Personal Reports from Those Who Were There, ed. by Holland, Walter, Olsen, Jorn, and Florey, Charles (Oxford University Press, 2008), pp. 17–29 (p. 20). (tradução da autora)

[19] Morabia, Alfredo.

pais, mães e filhos, há sugestão de uma considerável hereditariedade. Mais tarde, Greenwood demonstrou o mesmo tipo de efeito relativamente a uma experiência de imunização: o grupo I tinha uma mortalidade mais elevada mas no grupo II existia maior número de indivíduos imunizados. A imunização não tinha qualquer efeito quando se analisavam separadamente os grupos. No entanto, quando se misturavam os dois grupos, a imunização tinha uma efectividade espúria. Dois anos depois de Greenwood, Bradford Hill fez, novamente, uma demonstração idêntica: eram tratados mais homens do que mulheres mas as mulheres morriam mais do que os homens. O tratamento não tinha qualquer efeito quer nos homens quer nas mulheres mas aparentemente reduzia a mortalidade quando os dados dos homens e das mulheres eram analisados em conjunto.

Mais tarde, começaram a ser propostas formas de ajustar o efeito do confundimento, ou seja, formas de analisar os dados que eliminavam o efeito de confundimento – estratificação, ajustamento, emparelhamento e distribuição aleatória de tratamento. Estes avanços permitiram aligeirar as críticas relativamente à comparabilidade dos dados e prepararam o terreno para o crescimento da epidemiologia na segunda metade do século.

Nos anos 30 e 40 do séc. XX houve uma alteração substancial em termos de objecto de estudo da epidemiologia. As doenças não comunicáveis passaram a ser as principais causas de morte e de morbilidade na Europa e Norte da América. Entre estas destacavam-se as neoplasias e as doenças cardiovasculares. Este panorama colocou novos desafios – era preciso compreender a etiologia, a forma de controlar e tratar estas "novas" doenças. Foram, assim, desenvolvidas novas abordagens conceptuais (e.g., o próprio conceito de saúde) e novas ferramentas ainda que com algumas semelhanças com aquelas usadas para estudar doenças comunicáveis[20].

No caso destas "novas" doenças, e ao contrário do que acontecia nas doenças infeciosas, era difícil, se não impossível, determinar o agente etiológico. Trabalhos anteriores que demonstravam que o consumo em quantidades mínimas de chumbo levava à Cólica de Devonshire, que a cinza era responsável pelo desenvolvimento do carcinoma do escroto

[20] Susser, Mervyn and Stein, Zena.

em limpa-chaminés ou que os citrinos podiam prevenir ou curar o escorbuto, constituíam, agora, um importante e único referencial teórico. Por outro lado, a multicausalidade das novas doenças exigia, igualmente, abordagens múltiplas e, nos departamentos universitários, a saúde pública foi substituída pela medicina social:

"O ponto de vista adoptado em favor do conceito de causalidade múltipla também marca uma fractura na procura do agente específico da doença iniciada pela teoria dos germes. A lógica deste conceito de múltiplas causas (...) levou a requerer uma melhor definição de variáveis, especialmente da variável causal hipotética. Para este objectivo voltou-se [se] para as ciências sociais e para a genética na esperança de que ajudariam a desenvolver técnicas para medir os componentes sociais da doença"[21].

Assistiu-se, então, a uma clivagem entre a "nova" componente da epidemiologia – doenças não comunicáveis, e a "velha" – doenças infeciosas o que, em última análise, refletiu a tendência de subespecialização da medicina e resultou em acentuadas divergências entre os dois ramos, obscurecendo os elementos comuns à investigação epidemiológica.

Por outro lado, na área das doenças infeciosas, o corpo de conhecimento tinha, agora, entre 80 a 100 anos enquanto que a área das doenças crónicas começava a dar os primeiros passos. Lembremo-nos que, mesmo no caso da SIDA, foram necessários "apenas" 3 anos para se perceber qual o agente etiológico[22]. Estabelecer causas para as "novas doenças" não comunicáveis tornava-se mais complexo. Por exemplo, quando Hill e Doll iniciaram, em 1950, o primeiro estudo de caso-controlo sobre cancro do pulmão tiveram de incluir uma multiplicidade de fatores hipoteticamente causais. Neste campo da epidemiologia tornava-se mais difícil estabelecer o que era uma causa da doença e os critérios de causalidade de Koch, postulados em 1882, não se aplicavam a esta nova realidade. Nesse sentido, Bradford Hill enumerou nove orientações que, ainda hoje, guiam a decisão sobre uma eventual relação de causalidade[23]. Saracci esclarece *"Os critérios, ou melhor, as orientações elabo-*

[21] Vide Susser, Mervyn and Stein, Zena, *Eras in Epidemiology: The Evolution of Ideas* (Oxford University Press, 2009) p.171 (tradução da autora).

[22] R Saracci.

[23] Austin Bradford Hill, 'The Environment and Disease: Association or Causation?', *Proceedings of the Royal Society of Medicine*, 58.5 (1965), 295–300.

radas em meados dos anos 60 para estabelecer com um grau de confiança razoável a natureza causal das associações entre um agente ambiental, como o fumo do tabaco, e uma doença, marcam uma das diferenças relevantes entre a velha e a nova epidemiologia."[24].

Atualmente, a epidemiologia é uma ciência em permanente desenvolvimento, fortemente sustentada por novas tecnologias na área da genética, da biologia molecular ou mesmo da sua "velha" companheira estatística. O que parecia impensável há cinquenta anos atrás, devido, por exemplo, à complexidade dos cálculos (e.g., regressão logística) pode ser, hoje, realizado sem grande esforço. Nas próximas décadas, a epidemiologia continuará a se desenvolver, principalmente em termos metodológicos, onde o contexto de crescente complexidade no que diz respeito ao estudo das relações de causa e efeito irá impor, certamente, novas formas de estudar os fenómenos de saúde e de doença e os seus determinantes.

Método epidemiológico

A evolução da epidemiologia ao longo dos séculos, levou ao desenvolvimento e consolidação do método epidemiológico. Desde os tempos mais antigos que a epidemiologia se baseia numa abordagem sistematizada da realidade assente em 3 operações muito simples: **contar** o número de casos ou de eventos descrevendo-os em termos de lugar, pessoas (ou população) e tempo; **dividir** o número de casos por um denominador, relativizando, assim, os números e permitindo **comparar** a ocorrência de doença (com base, em taxas, razões e proporções) ao longo do tempo ou em grupos diferentes[25].

Atualmente, o método epidemiológico baseia-se em pressupostos bastante simples: a doença é a ausência de saúde, a doença não se desenvolve de forma aleatória, os indivíduos não são todos afectados da mesma forma pela doença e (habitualmente) a doença não pode ser atribuída a um só factor[26].

[24] R Saracci, p. 36.

[25] *Field Epidemiology*, ed. by Gregg, Michael, 3rd edition (Oxford University Press, 2008).

[26] Greenberg, Raymond and others, *Medical Epidemiology*, Fourth edition (McGraw-Hill Companies, Inc, 2005).

Embora o pressuposto **"a doença é a ausência de saúde"** pareça óbvio, a verdade é que para que consigamos estudar uma doença ou problema de saúde temos de ser capazes de encontrar os casos de doença ou com o problema de saúde. De modo a que possamos concluir que se tratam efectivamente de casos, é necessário que existam critérios bem definidos sobre o que entendemos ser essa doença e/ou problema de saúde. Depois de acordarmos em relação ao que é a doença ou o problema de saúde (ou até mesmo o estado de saúde, e.g., praticante de exercício físico) é fundamental conseguir encontrar pontos comuns entre os diferentes casos e que os distingam dos "não casos". Quer isto dizer que temos subjacente a ideia que **"a doença ou os estados de saúde/ doença não se desenvolvem de forma aleatória"** existindo motivos ou factores comuns que explicam a variação na ocorrência de um problema de saúde ou de uma doença. Assim, na investigação desses factores está implícito o pressuposto que **"os indivíduos não têm todos a mesma probabilidade de desenvolver uma doença ou problema de saúde"** e que esta dependerá de fatores específicos do indivíduo e do ambiente em que este vive. Assim, a variação dos estados de saúde/doença ocorrerá por variação nas características dos indivíduos e do ambiente. Por outro lado, e salvo cada vez mais raras excepções, a **doença ou problema de saúde não pode ser atribuída a um só fator.** Desta forma, a ocorrência de doença tende a não resultar de apenas um fator. Por outro lado, nem todo o fator associado à doença conduzirá, necessariamente, a essa doença. Deste modo, a procura de outros fatores que concorram para a ocorrência de doença ajudará a compreender a variação desta.

A etapa inicial de estudo epidemiológico sobre uma doença ou problema de saúde começa pela observação do fenómeno, ou seja, pela identificação de alterações nos padrões habituais de saúde/doença (e.g., na prevalência ou incidência). Dessa observação surge um problema ou questão sobre a qual é necessário discernir. Começamos, então, por definir exatamente o problema, situando-o no espaço, no tempo e numa população ou grupo de indivíduos. Chamamos ao conjunto das dimensões pessoas, tempo e lugar, **tríade epidemiológica.**

A definição e descrição clara do problema vai-nos ajudar, posteriormente, a fazer o seu desdobramento, a traduzi-lo em elementos mais claros. Quer isto dizer que iremos "extrair" do problema inicial, geralmente mais complexo, outros menos complexos e, como tal, potencialmente mais fáceis de serem estudados e resolvidos. Tendo por base estes "sub-problemas" passamos, então, a definir hipóteses (de resposta) que iremos testar. As hipóteses são constituídas por elementos de tradução dos conceitos epidemiológicos sob a forma de variáveis (e.g., a variável independente tende a ser a causa e a dependente o efeito). Uma vez testadas as hipóteses, começamos a construir a resposta ao problema inicial. Assim, o conhecimento em epidemiologia é proposicional e, dedutivo, ou seja, construído do particular para o geral.

Aplicações da epidemiologia

Apesar dos avanços epistemológicos e tecnológicos das últimas décadas e do alargamento do âmbito da epidemiologia a áreas emergentes das ciências da vida, como é o caso da biologia molecular ou da genética, as aplicações da epidemiologia, na sua essência não sofreram grandes alterações. A epidemiologia, mais ou menos tecnológica, continua a ser utilizada para estudar a história natural da doença, a etiologia, causas e determinantes dessa doença, fazer o diagnóstico de saúde de grupos, comunidades e populações, apoiar a intervenção clínica e comunitária (neste último caso através da avaliação dos programas de saúde, por exemplo) e a fornecer evidências à decisão política, de saúde pública e clínica.

Muitas vezes esquecemos, no exercício clínico diário, que muitas das decisões que tomamos, quer em termos de diagnóstico, tratamento ou até mesmo de prognóstico, resultaram de estudos epidemiológicos sobre a **história natural da doença**, que permitiram descrever casos, especificar o que é comum e o que é extraordinário, o que se pode esperar em termos de evolução ou de efetividade de tratamentos.

Ao **estudar a etiologia ou as causas de doença e dos fatores de risco relevantes**, cujo objectivo final será o de apoiar a intervenção de modo a reduzir a morbilidade e a mortalidade causadas pela doença, contribuímos para o desenvolvimento de um modelo conceptual que fundamenta e suporta os programas de saúde. Por outro lado, aplicamos a epidemiologia na **avaliação das intervenções de saúde** (e.g., medidas preventivas, terapêuticas ou prestação de cuidados) concorrendo para uma melhor adequação dos programas e intervenções às comunidades, mas, também, à maior ou menor volatilidade dos problemas de saúde, fornecendo **evidências para o desenvolvimento de políticas de saúde**.

Assim, através da epidemiologia e da realização de estudos epidemiológicos é possível, entre outros: fazer projeções sobre a evolução de um determinado problema de saúde ou doença, através do estudo histórico da saúde e da ascensão e queda das doenças na população; elaborar diagnósticos comunitários que incluem a presença, natureza e distribuição da saúde e da doença; estudar os sistemas de serviços de saúde em termos, por exemplo, de efetividade; estimar a probabilidades individuais e risco de doença; construir quadros clínicos (proporção de casos, relação entre doença clínica e estados subclínicos, observação de alterações seculares nas doenças); e identificar síndromes a partir da distribuição de fenómenos clínicos entre subgrupos da população[27].

[27] Podemos pensar que, a epidemiologia, ao alargar o seu âmbito pode correr o risco de entrar em colisão com outras ciências. No entanto, tal não ocorre uma vez que a epidemiologia é uma ciência "instrumental" e não fundamental. Podemos considerar como objeto de estudo preferencial da epidemiologia a existência da relação causa/efeito ou exposição/ /doença. Assim a epidemiologia, preocupa-se essencialmente em concluir se esta relação existe ou não, habitualmente com uma base probabilística, não possuindo capacidade, pelo seu método, de explicar por que motivo a relação ocorre.

Tipos de Estudos

O principal objetivo da investigação epidemiológica é estudar (provando) qual a causa de determinado efeito. A experimentação é a forma mais direta e menos enviesada de o fazer. Partindo de uma hipótese, experimentamos uma ação (causa) no sentido de perceber qual a sua consequência (efeito). Idealmente, fazemos variar a causa medindo o efeito enquanto, ao mesmo tempo, controlamos "todas" as condições que podem afetar o efeito em estudo. Este controlo permite-nos concluir com um determinado grau de certeza que o efeito resultou da causa.

No estudo da relação de causa-efeito, a experimentação (que assume, em epidemiologia, as formas de ensaio clínico, ensaio de campo e/ou ensaio comunitário) é consensualmente aceite como *gold standard*[28] científico. Aliás, todos os estudos epidemiológicos têm a sua origem nos conceitos de experimentação. Quando a experimentação é exequível, realizamos estudos experimentais; quando não pode ser feita, optamos por estudos observacionais para perceber o que teria acontecido caso tivesse ocorrido tal experiência.

Nos **estudos experimentais (ou não observacionais ou de intervenções),** existe uma intervenção deliberada, planeada pelo investigador, no sentido de provocar um determinado efeito enquanto outras condições que podem afectar a causa para além do efeito são controladas. O objetivo é determinar o resultado da intervenção. Habitualmente, a mediçao do efeito da intervenção é feita por comparação com

[28] Padrão de ouro, o melhor disponível.

um grupo que não sofreu qualquer intervenção ou que sofreu uma intervenção diferente.

Nos **estudos observacionais (não experimentais, ou de observações)** o investigador estuda, observa e regista a doença e os seus atributos e a forma como esta se relaciona com outras condições/atributos (exposição) sem, contudo, intervir.

Os estudos podem apenas descrever a distribuição da doença e outras características sem que haja uma preocupação com a comparação entre grupos e, desta forma, sem estudo de eventuais relações causais ou de hipóteses, sendo denominados de **estudos descritivos** ou geradores de hipóteses. É claro que esta situação ocorre principalmente nos estudos observacionais. Os estudos descritivos são úteis na descrição de tendências nos indicadores de saúde, permitem enunciar hipóteses sobre eventuais causas de doença assim como fazer a monitorização da implementação e execução das políticas de saúde.

Os estudos desenhados para investigar uma eventual relação de causa efeito, o que implica a comparação entre grupos (e.g., expostos e não expostos, casos e controlos), designam-se de **estudos analíticos.** Quando o objetivo primário é o de estudar a relação causa efeito, os estudos analíticos são denominados, por alguns autores, de estudos etiológicos. Nos estudos analíticos, em geral, existe uma preocupação com a identificação e medição dos fatores de risco ou dos efeitos de exposições ou intervenções específicas e a sua comparação entre grupos ou subgrupos. A Figura 1 apresenta uma "anatomia" dos estudos epidemiológicos, os quais iremos descrever de seguida.

FIGURA 1 – Estudos epidemiológicos e sua relação com a distribuição das unidades amostrais

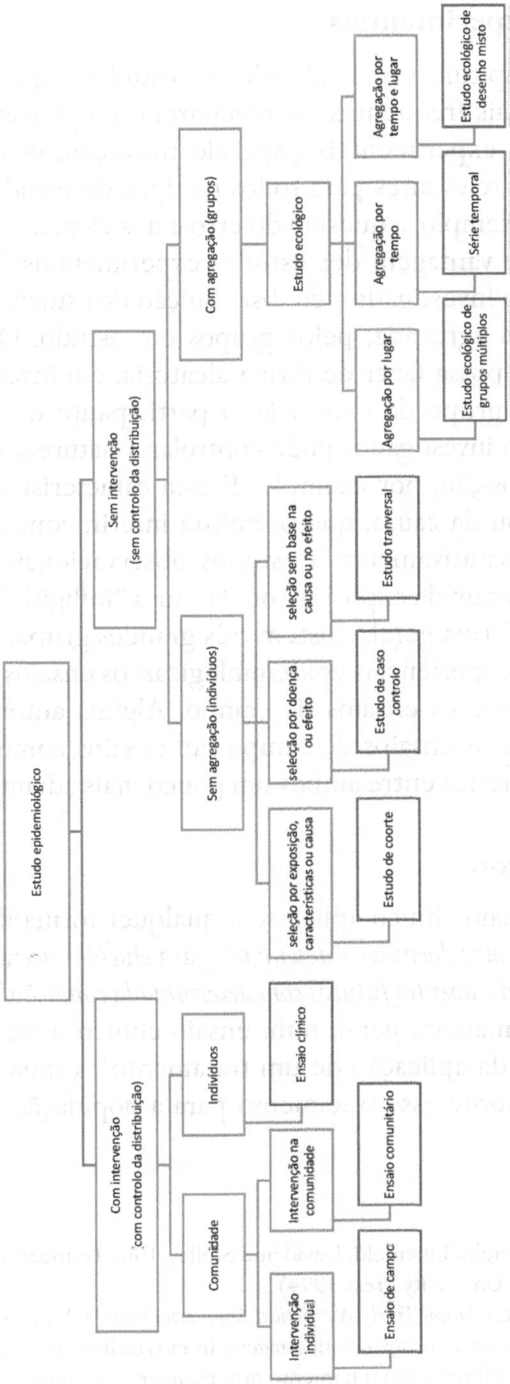

Estudos experimentais

Neste subcapítulo vamos abordar os estudos experimentais e os seus desenhos mais frequentes. Aproveitaremos algumas das características dos estudos experimentais (e.g., aleatorização, ocultação) para introduzir temas relevantes para todos os tipos de estudos epidemiológicos como, por exemplo, a questão do erro e dos vieses.

A grande vantagem dos estudos experimentais é o controlo direto, por parte do investigador, da distribuição dos sujeitos, individualmente ou de forma agregada, pelos grupos em estudo. Quer isto dizer que ainda que o possa fazer de forma aleatória, é o investigador que determina a que grupo de exposição o participante do estudo pertencerá. Ao fazê-lo, o investigador pode controlar a natureza e intensidade dessa mesma exposição, por exemplo. É esta característica de "controlo" da exposição, ou da causa, que permitirá inferir, com um grau de certeza maior, comparativamente a estudos observacionais, que a doença ou efeito resultaram da exposição ou da causa "infligida".

De uma forma geral, existem três grandes grupos de estudos experimentais, ou experiências epidemiológicas: os ensaios clínicos, os ensaios comunitários e os ensaios de campo. Alguns autores consideram, no entanto, que os ensaios de campo são ensaios comunitários[29]. Explicaremos a diferença entre ambos um pouco mais adiante no texto.

Ensaios clínicos

O termo ensaio clínico aplica-se a qualquer forma de "*...experiência planeada que envolve doentes e é desenhada para elucidar acerca do tratamento mais apropriado para doentes futuros com determinada condição.*"[30]

De uma maneira geral, num ensaio clínico usamos resultados obtidos a partir da aplicação de um tratamento[31] a uma amostra e fazemos inferências sobre esse tratamento para a população de doentes que irá

[29] Vide, por exemplo, Lilienfeld, David and Stolley, Paul, Foundations of Epidemiology, 3rd edition (Oxford University Press, 1994).

[30] Pocock, Stuart, *Clinical Trials: A Practical Approach* (John Wiley & Sons Ltd., 2000), p. 1.

[31] Para efeitos de simplificação de linguagem, iremos utilizar, neste subcapítulo o termo tratamento que se referirá a um tratamento propriamente dito, uma causa ou uma exposição.

necessitar desse tratamento no futuro, de modo a evitar a doença, a incapacidade ou as sequelas[32].

A ideia subjacente aos ensaios clínicos é a de intervir de forma a melhorar a saúde, seguindo os indivíduos de modo a verificar qual o efeito, através da comparação entre aqueles que receberam a intervenção e aqueles que não a receberam ou que receberam uma intervenção diferente.

Assim, os ensaios clínicos podem ser usados para testar a compreensão acerca das causas das doenças, estudar como influenciar a história natural da doença, de modo a obter um desfecho diferente (melhor) ou avaliar os benefícios e os custos das intervenções em saúde.

Embora associemos, com frequência, os ensaios clínicos ao teste de fármacos, pois esta é uma das suas mais frequentes utilizações, a verdade é que este tipo de estudo pode ser usado para avaliar um agente profilático (e.g., vacina), um procedimento de saúde pública (e.g., método de rastreio) ou um procedimento médico (e.g., técnica cirúrgica).

Dependendo do objetivo, as condições do estudo podem ser diferentes. Por exemplo, num ensaio clínico de não inferioridade[33] da abordagem laparoscópica para colecistectomia (exérese da vesícula biliar) versus abordagem tradicional (laparotomia), não é possível ocultação e pode também ser difícil a distribuição aleatória dos indivíduos por grupo de tratamento[34].

Habitualmente, os ensaios clínicos para testar fármacos podem ser classificados em quatro fases.

Os **ensaios clínicos de fase I**, cujo intuito é o estudo da farmacologia clínica e da toxicidade, são, habitualmente, realizados em voluntários saudáveis. São essenciais para avaliar a segurança e tolerabilidade do

[32] Keneth Rothman and Sander Greenland, *Modern Epidemiology*, 2nd Edition (Lippincott Williams & Wilkins, 1998).

[33] Por estudo de não inferioridade entendemos aquele em que se pretende demonstrar que o novo tratamento é, no mínimo, igual ao melhor tratamento disponível ou consensualmente aceite.

[34] Se, por exemplo, existirem critérios clínicos para a realização de um ou de outro procedimento.

fármaco e caracterizar a sua farmacocinética[35] e farmacodinâmica[36] em indivíduos saudáveis. É nesta fase que é determinada a quantidade de fármaco que pode ser administrada sem que existam efeitos secundários sérios. Os indivíduos são, com frequência, submetidos a experiências de escalonamento de dose de acordo com um esquema predefinido assim como a diferentes dosagens para determinar o esquema terapêutico para os ensaios de fase II. Em casos de patologias graves (e.g., oncologia, Sida), para além dos voluntários, podem também ser incluídos indivíduos doentes.

Nos **ensaios clínicos de fase II** é confirmado o efeito terapêutico (eficácia terapêutica) e avaliada a segurança do fármaco (toxicidade) permitindo selecionar o regime terapêutico para os ensaios de fase III.

Após confirmada a eficácia do fármaco na fase II, é necessário compará-lo com o(s) tratamento(s) padrão ou, caso este(s) não esteja(m) disponível(is) ou não exista(m), com um placebo. Os **ensaios clínicos de fase III** são estudos comparativos, frequentemente multicêntricos (realizados em vários locais), envolvendo centenas a milhares de doentes elegíveis para serem tratados com o fármaco. Estes ensaios são também conhecidos por ensaios de superioridade ou não-inferioridade e têm como objetivo fornecer as evidências necessárias para que a aprovação e comercialização do fármaco. Os ensaios clínicos de fase III são aqueles que, habitualmente, associamos aos ensaios clínicos na generalidade e são a demonstração mais rigorosa da eficácia do fármaco.

Os **ensaios clínicos de fase IV** são realizados após a introdução do fármaco no mercado e têm como objetivo fornecer mais dados sobre a sua eficácia e segurança. Neste caso são avaliadas, entre outros, diferentes formulações, doses, duração de tratamento e interações assim como a sua utilização noutros doentes (e.g., crianças). São importantes para a vigilância de efeitos secundários que, dada a sua incidência (baixa), não foram detetados nos ensaios de fase III.

[35] Ações do corpo sobre o fármaco. Vide Bertram Katzung, Susan Masters, and Anthony Trevor, *Farmacologia Básica e Clínica*, 12ª edição (Porto Alegre: AMGH Editora Ltda, 2014), p. 6.
[36] Ação do fármaco no corpo. Vide Bertram Katzung, Susan Masters, and Anthony Trevor, *Farmacologia Básica e Clínica*, 12ª edição (Porto Alegre: AMGH Editora Ltda, 2014), p. 6.

Desenho de um ensaio clínico

Passaremos, agora, a analisar os aspetos metodológicos envolvidos no desenho de um ensaio clínico. Neste caso, reportar-nos-emos a ensaios clínicos de fase III uma vez que, como já referido, são estes que estão mais próximos da ideia "geral" de ensaio clínico.

Num ensaio clínico comparamos o novo tratamento com um grupo de controlo, o que o torna, por inerência, um estudo analítico. No grupo de controlo é administrado o tratamento standard, considerado, habitualmente, o melhor disponível. A utilização de placebo só é aceitável quando não existe um tratamento standard[37].

Começamos por desenhar o ensaio clínico definindo, claramente, o objetivo e especificando as hipóteses em estudo. Ao fazê-lo, definimos os indivíduos elegíveis para o estudo o que pode implicar elucidar, por exemplo, quais os critérios de diagnóstico ou de inclusão/ exclusão no estudo. Temos, igualmente, de definir quais os tratamentos que iremos aplicar, qual o *endpoint*[38] primário (i.e., o desfecho primário de interesse) e quais os *endpoints* secundários, caso estes existam. Esta informação deve constar de um protocolo detalhado que servirá de guia ao longo do estudo. Após a elaboração do protocolo, iremos implementar o estudo, recrutando os indivíduos, distribuindo-os pelos diferentes grupos, colhendo dados e vigiando-os para os diferentes *endpoints* e procedendo à análise dos dados. A partir destes concluímos relativamente às hipóteses em estudo e, por último, espera-se que ocorra a publicação dos resultados quer em relatórios quer em artigos científicos (Figura 2).

[37] Por exemplo, num estudo sobre o efeito de anticorpos monoclonais (terapia biológica) no tratamento da psoríase em placas grave é admissível o uso de placebo uma vez que não existe um tratamento standard para esta patologia.

[38] Um endpoint é um indicador medido num doente ou numa amostra biológica com o objectivo de avaliar a segurança, eficácia ou qualquer outro objectivo de um ensaio vide Bert Spilker, *Guide to Clinical Trials* (Raven Press, 1991), p. xxii.

Figura 2 – Método científico adaptado ao desenho geral de um ensaio clínico[39]

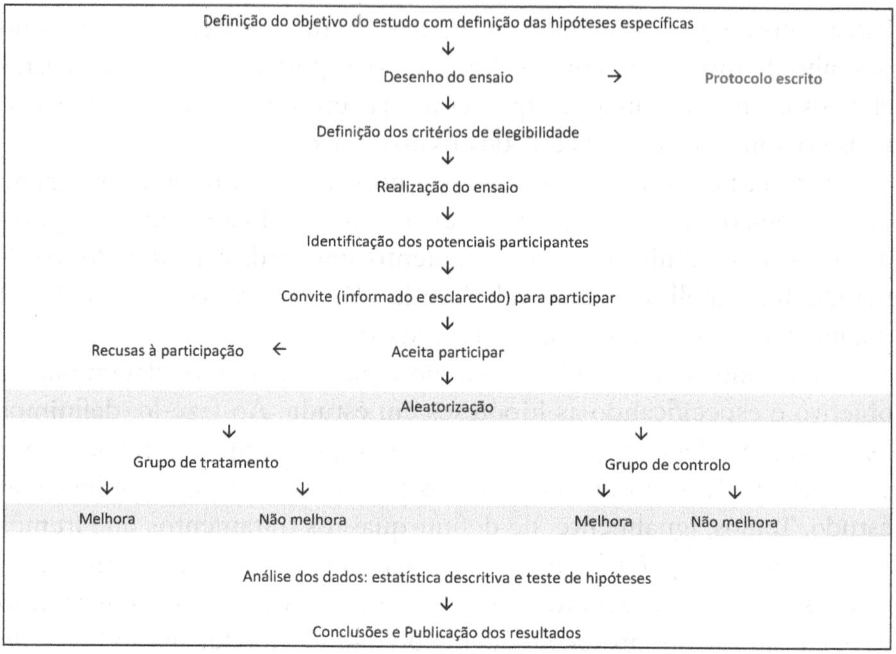

Objetivos e hipóteses

Uma das fases mais importantes do desenho de um ensaio clínico é a definição da questão de investigação e do(s) objetivo(s) subjacente(s). Este objetivo será, então, refinado em hipóteses de estudo. Nestas deve ser explicitado quais as intervenções a comparar, o(s) *endpoint*(s) a avaliar e os critérios de elegibilidade dos participantes.

A escolha dos *endpoints* deve ter em consideração a sua relevância clínica, a capacidade de os medir de forma não enviesada e eventuais constrangimentos à sua escolha (e.g., financeiros). Existem vários tipos de *endpoints:* de qualidade de vida (e.g., capacidade para realizar as atividades de vida diária); de sobrevivência (e.g., percentagem de doentes vivos ao fim de um ano de tratamento); de efeitos adversos (e.g., percentagem de indivíduos com determinado efeito adverso); ou de medidas intermédias (e.g., percentagem de doentes com sintomas recorrentes).

[39] Adaptado de Gordis, Leon, *Epidemiology*, 5th edition (Saunders Elsevier, 2009) e Pocock, Stuart, *Clinical Trials: A Practical Approach* (John Wiley & Sons Ltd., 2000).

Ao definirmos o objectivo do ensaio clínico, definimos também as hipóteses que, como referido, devem traduzir as variáveis epidemiológicas, entre elas o *endpoint*, em estudo. Num ensaio clínico cujo objetivo é comparar a proporção de doentes que morrem ao fim de um ano no grupo submetido ao tratamento A e no grupo submetido ao tratamento B, a hipótese subjacente, traduzida matematicamente, seria

$$H_0: p_0 = p_1$$

em que H_0 é a hipótese nula e p_0 e p_1 as proporções de doentes que morreram ao fim de um ano no grupo de tratamento A e no grupo de tratamento B, respetivamente. A hipótese é enunciada na sua forma nula, ou seja, não existem diferenças entre os grupos no que diz respeito ao *endpoint* (morte ao final de um ano de tratamento). A hipótese alternativa seria então:

$$H_1: p_0 \neq p_1$$

ou seja, que existem diferenças nos grupos de tratamento no que diz respeito ao *endpoint.*

Determinação da dimensão da amostra

Depois de escolhido(s) o(s) *endpoint*(s) do estudo, é necessário determinar a dimensão mínima da amostra necessária para concluir acerca das hipóteses. O tamanho da amostra, assim como o seu cálculo, irá depender do tipo de *endpoint* escolhido. Será com base na amostra que iremos aceitar ou rejeitar a hipótese nula. Nesta decisão podemos ter quatro situações distintas. Imaginemos que, num ensaio clínico, pretendemos saber se o tratamento com o fármaco A difere do fármaco C no que diz respeito à melhoria em pelo menos 75% de um determinado *endpoint.* Neste caso e relativamente à hipótese

$$H_0: p_A = p_C$$

em que p_A é a proporção de doentes no grupo de tratamento com o fármaco A com redução de pelo menos 75% no *endpoint* e p_C a proporção de doentes no grupo de tratamento do fármaco C com redução de pelo menos 75% no *endpoint,* podemos decidir, com base em testes estatísticos, que:

1. Existem diferenças entre p_A e p_C (rejeitar H_0) e estas, de facto, existirem realmente – *decisão correta*
2. Existem diferenças entre p_A e p_C (rejeitar H_0) e estas, de facto, não existirem – *falso positivo*
3. Não existem diferenças entre p_A e p_C (aceitar H_0) e estas, de facto não existirem realmente – *decisão correta*
4. Não existem diferenças entre p_A e p_C (aceitar H_0) e estas, de facto, existirem – *falso negativo*

Quando, num estudo, encontramos diferenças entre tratamentos e na realidade estas não existem, dizemos que estamos perante um **erro tipo I**. Por outro lado, quando não encontramos diferenças entre tratamentos, mas estas, na realidade, existem, estamos perante um **erro tipo II**.[40]

Os estudos com falsos positivos ou falsos negativos podem ocorrer por falhas metodológicas, devido ou acaso ou por ambos. As falhas metodológicas podem ser ultrapassadas desenhando, cuidadosamente os estudos. Já os erros devido ao acaso nunca podem ser eliminados por completo[41] mas podem ser estimados.

Utilizamos a notação **α** (alfa) para denotar o **erro tipo I** e a **β** (beta) o **erro tipo II**. Estes dois parâmetros são definidos logo desde o início de um estudo em que usemos amostras e têm implicações na determinação do tamanho da amostra. Habitualmente estipulamos o α a 5% ou 0,05 o que quer dizer que estamos dispostos a admitir uma probabilidade de 5% de estarmos a concluir erradamente que os tratamentos diferem quando tal não acontece. Na interpretação dos resultados dos estudos, a probabilidade de estarmos a rejeitar a hipótese nula quando é verdadeira é-nos dada pelo valor da prova (denotado em p). Quando o valor da prova de um teste é inferior a 0,05 rejeitamos a hipótese nula, ou seja, concluímos que existem diferenças e que a probabilidade de estarmos a concluir de forma errada é tão baixa (<5%) que, com mais de 95% (100% – 5%= 95%) de probabilidade estamos a tomar a decisão certa.

[40] Este tipo de raciocínio ocorre sempre que se utilizam amostras aleatórias, independentemente do tipo de estudo.

[41] Vide Greenberg, Raymond and others, Medical Epidemiology, Fourth edition (McGraw-Hill Companies, Inc, 2005).

O β é, igualmente, definido *a priori*. Habitualmente, estipula-se o valor em 20%, ou seja, 20% de probabilidade de não identificar uma verdadeira diferença (não rejeitar H0 quando esta é, na realidade, falsa). O poder estatístico do estudo, ou seja, a capacidade de detetar uma diferença verdadeira entre os grupos, é dada por:

$$1-\beta$$

Num estudo em que β = 20% o poder estatístico será de 80%, ou seja, temos 80% de probabilidade de detetar uma diferença verdadeira entre os grupos.

Antes ainda de determinar o tamanho da amostra, temos de definir qual a magnitude da diferença entre os grupos que o estudo será capaz de detetar. Para tal devemos utilizar informação clínica disponível e perceber (1) qual a diferença no resultado que tem importância clínica para os doentes em tratamento (2) qual a diferença que tem significado para os doentes e (3) qual a diferença que justificará o uso de um tratamento mais efetivo apesar de poder significar mais gastos e mais efeitos secundários.

O Quadro 1 mostra a relação entre o α, β e a magnitude da diferença de tratamentos e a dimensão da amostra.

Quadro 1 – Relação entre α, β, magnitude da diferença de tratamentos e a dimensão da amostra

Fator	Efeito no tamanho da amostra
Diminuição do α (erro tipo I)	Aumenta
Diminuição do β (erro tipo II)	Aumenta
Diminuição da diferença entre os tratamentos dos grupos	Aumenta

Recrutamento dos participantes

Depois de definidos os objetivos e as hipóteses em estudo, e calculada a dimensão mínima da amostra necessária, há que definir quem serão os participantes. Tal implica a especificação clara e inequívoca de critérios de elegibilidade como, por exemplo, a idade, o sexo, a patologia ou a gravidade da patologia. Podemos, igualmente, definir os critérios de exclusão que não devem ser espelho dos de inclusão. Por exemplo, se o critério de inclusão é ter idade igual ou superior a 18 anos, não há necessidade de referir que o critério de exclusão é ter idade inferior a 18 anos. Os critérios de exclusão são aqueles que depois de incluídos os participantes os podem excluir e que não são passíveis de ser avaliados na inclusão dos participantes. Imaginemos que recrutamos uma mulher para um estudo e que após a sua inclusão na amostra se deteta que está grávida. A gravidez pode ser um critério de exclusão.

Os critérios de elegibilidade e de exclusão[42] devem ser definidos de forma a que, independentemente da pessoa que os aplica, a decisão de inclusão/exclusão do estudo seja sempre a mesma.

Uma vez definidos os participantes (com base nos critérios de elegibilidade/exclusão) no ensaio clínico, há que proceder ao seu recrutamento. O recrutamento do número adequado de participantes é fundamental para o sucesso do ensaio clínico. É frequente definir-se um período de recrutamento, especialmente nos ensaios clínicos, que têm uma duração fixa. Este período não só deve ser respeitado como devemos tentar manter uma taxa de recrutamento constante ao longo do tempo. Tal evita que os indivíduos sejam todos recrutados, por exemplo, no final do período de recrutamento o que pode influenciar o follow-up (e.g., aumentar a carga de trabalho)[43].

O grande desafio dos ensaios clínicos é conseguir recrutar o número necessário de indivíduos (no mínimo igual à dimensão da amostra) no tempo estabelecido e de acordo com o orçamento. Muitas vezes tal não é possível por falhas no planeamento do próprio ensaio clínico, por sobrestimação de uma fonte de recrutamento em especial (quando se

[42] Frequentemente, os critérios de elegibilidade/inclusão e de exclusão são, erradamente, considerados em "espelho", i.e., se um critério inclui (inclusão), o seu oposto exclui (exclusão). Se o critério de inclusão é ser do sexo masculino, o ser do sexo feminino levará à exclusão do indivíduo. Contudo, num estudo epidemiológico, os critérios de exclusão devem ser definidos com base em características dos indivíduos que levarão, mesmo após a sua inclusão, à sua exclusão do estudo. Tal, pode ocorrer, por exemplo, devido a um evento que ocorra e que nada tenha a ver com o objetivo do estudo. Por exemplo, um doente ter um enfarte agudo do miocárdio antes de ser aleatorizado para o grupo de tratamento ou de controlo de um ensaio clínico.

[43] Vide Laura C. Lovato and others, 'Recruitment for Controlled Clinical Trials: Literature Summary and Annotated Bibliography', Controlled Clinical Trials, 18.4 (1997), 328–52 <https://doi.org/10.1016/S0197-2456(96)00236-X>.

baseia na identificação pelo médico ou referenciação pelo hospital) ou incapacidade de readaptar as estratégias de recrutamento. A chave para um recrutamento bem sucedido é uma boa gestão da base de recrutamento e de um bom acompanhamento de todo o processo[44].

Depois de recrutados os indivíduos, e lembramos que o recrutamento não tem única e exclusivamente a ver com a identificação dos elegíveis para o ensaio clínico mas, também, com a avaliação da capacidade/vontade para integrar o estudo, probabilidade de desistência, obtenção do consentimento livre e esclarecido, entre outros, há que distribuir os indivíduos pelos grupos de tratamento em estudo.

Distribuição dos indivíduos pelos grupos de tratamento

Aleatorização

De forma a evitar a introdução de vieses, os indivíduos devem ser distribuídos de forma aleatória pelos grupos. Ao fazê-lo estamos a garantir que o facto de um indivíduo ser submetido ao novo tratamento ou ao tratamento de controlo se deve única e exclusivamente ao acaso e não, por exemplo, a preferências de quem distribui. Este processo denomina-se aleatorização[45].

De uma forma mais concreta, podemos definir aleatorização como um procedimento de distribuição dos sujeitos por um dos grupos de tratamento de modo a que cada sujeito tenha a mesma probabilidade de pertencer a cada um dos grupos que os restantes[46].

Atualmente, o ensaio clínico aleatorizado, ou seja, aquele em que é feita a distribuição aleatória dos participantes do estudo pelos diferentes grupos, é considerado o método menos enviesado da investigação clínica e epidemiológica. Aliás, a validade de um ensaio clínico irá depender da capacidade do processo de aleatorização conseguir obter grupos semelhantes no que diz respeito à distribuição de fatores de risco não medidos no início do estudo. Assim, a aleatorização possibilita que os grupos em comparação sejam em tudo idênticos exceto no seu estado

[44] Lovato and others.

[45] Para uma definição de aleatorização vide "random allocation" Porta, Miquel and others, p. 237.

[46] Kleinbaum, David, Sullivan, Kevin, and Barker, Nancy, *A Pocket Guide to Epidemiology* (Springer, 2007).

de exposição (ao tratamento). Em resultado disso, se for encontrada alguma diferença entre os grupos, supõe-se que esta é atribuível à diferença na exposição (tratamento)[47].

Existem várias formas possíveis de fazer a aleatorização dos indivíduos pelos grupos de tratamento. Essa aleatorização pode ser simples ou estratificada, caso existam variáveis com influência no desfecho que desejamos controlar (e.g., idade da menopausa e tratamento de cancro da mama). Nos estudos multicêntricos[48], por exemplo, é frequente a utilização da aleatorização estratificada em que cada centro corresponderá a um estrato.

Independentemente do tipo de aleatorização utilizada, é desejável que esta seja feita *a priori*. Como iremos constatar nos parágrafos seguintes, é perfeitamente exequível e desejável ter uma lista de aleatorização antes mesmo de ser recrutado o primeiro participante. Aliás, este facto irá conferir maior rigor a todo o ensaio clínico sendo uma das formas possíveis de ocultação de que falaremos um pouco mais adiante.

Aleatorização simples

Imaginemos que temos dois grupos pelos quais queremos distribuir os indivíduos: um grupo de tratamento A e um grupo placebo B. Determinamos que os números pares (0, 2, 4, 6 e 8) distribuirão para o grupo A e os ímpares para o grupo B (1,3,5,7 e 9). Usando uma tabela de números aleatórios (Figura 3) ou gerando uma sequência de números aleatórios num programa de computador (e.g., Excel)[49],[50] podemos determinar quais os indivíduos que irão ser distribuídos pelos grupos A e B.

[47] Keneth Rothman and Greenland; Pocock, Stuart.

[48] Os estudos multicêntricos são ensaios clínicos que ocorrem em diferentes "centros" (e.g., hospitais, clínicas) o que permite incluir um número bastante grande de participantes de diferentes localizações geográficas.

[49] Para gerar uma sequência de números aleatórios no programa Excel deve usar a função "aleatório entre" indicando como valor mínimo o 1 e o valor máximo a dimensão da amostra que pretende. Deve ter em atenção que os números obtidos irão variar de cada vez que alterar o conteúdo do ficheiro excel ou que abrir o mesmo. Assim, recomenda-se a cópia dos números obtidos já sem a função activada.

[50] Existem outros programas onde é possível geral números aleatórios como é o caso do Software WinPEPI (Epidemiologic Perspectives & Innovations 2011, 8:1).

FIGURA 3 – Tabela de números aleatórios

	1 2 3 4	5 6 7 8	9 10 11 12	13 14 15 16	17 18 19 20	21 22 23 24	25 26 27 28	29 30 31 32
1	8 0 9 4	2 5 2 5	6 2 4 7	1 3 4 7	7 4 3 3	3 6 2 0	1 8 9 7	2 1 3 4
2	3 5 6 9	2 1 9 8	8 2 1 1	9 0 4 5	2 6 1 8	2 7 5 1	2 6 2 7	1 0 9 5
3	1 3 3 0	6 3 3 1	3 7 5 3	9 6 9 3	8 7 3 8	6 8 1 5	1 5 3 8	8 5 4 3
4	3 5 6 5	0 0 1 6	2 2 4 3	6 4 3 2	4 7 8 6	6 0 9 5	5 2 8 3	1 6 2 0
5	7 8 5 0	5 9 2 6	5 5 6 8	7 3 1 1	2 1 9 2	4 5 4 5	3 5 3 0	5 5 8 9
6	4 4 9 0	5 4 1 7	9 7 2 7	6 1 5 3	5 9 0 1	4 8 7 8	9 9 8 0	9 8 7 7
7	6 5 4 5	9 1 0 4	9 3 1 8	8 8 1 9	7 5 3 7	2 7 8 5	9 3 7 3	2 4 4 5
8	3 6 2 6	5 9 9 5	1 2 1 5	9 7 5 3	9 2 2 8	5 6 5 8	2 9 4 4	2 8 9 9
9	4 6 6 5	4 8 2 0	7 5 5 4	0 6 1 2	9 6 6 3	4 2 5 1	9 1 3 6	1 7 0 9
10	6 4 9 8	7 5 1 9	0 4 7 4	7 8 1 8	6 8 3 2	9 6 8 3	9 8 7 2	4 0 9 0
11	6 7 2 2	9 8 6 9	9 3 6 1	7 6 7 5	4 8 8 8	1 3 1 5	9 6 7 9	8 8 3 4
12	9 7 4 6	5 9 3 2	5 1 1 5	2 7 2 1	0 0 8 3	9 3 0 3	9 7 1 3	4 0 1 2
13	5 6 4 1	1 4 1 7	1 4 1 9	7 4 3 4	8 1 6 5	7 3 6 8	1 2 1 8	5 0 3 9
14	7 4 4 4	9 2 0 0	8 8 4 0	5 8 8 2	4 3 9 8	3 9 0 4	9 1 9 9	9 3 3 6
15	8 2 7 9	3 0 1 9	4 6 7 2	3 7 4 3	3 9 7 9	4 6 8 9	9 0 2 1	6 9 9 0
16	0 1 6 1	7 6 1 7	1 0 2 4	2 3 8 7	2 8 9 1	6 6 7 7	1 5 8 6	2 4 8 2
17	7 3 8 8	9 7 5 9	7 5 5 5	6 6 2 4	9 9 7 7	2 0 0 8	6 5 9 6	9 7 4 0
18	7 8 3 0	4 7 1 4	3 6 9 5	2 9 1 9	1 8 0 4	4 0 4 4	1 0 3 4	2 5 9 7
19	9 8 8 7	4 2 1 6	6 5 2 6	4 5 3 5	8 4 3 0	5 2 7 0	9 6 0 5	0 7 8 8
20	1 2 6 1	2 5 1 6	8 5 6 9	2 3 1 0	3 9 3 9	8 7 0 3	9 8 4 1	0 3 5 3
21	3 9 4 7	4 9 3 7	7 6 3 4	2 5 4 3	6 2 3 9	7 4 5 5	2 0 5 5	7 7 9 5
22	4 5 5 0	8 1 0 3	1 2 5 0	2 3 0 4	1 1 3 8	9 7 8 8	9 1 4 4	4 5 2 6
23	1 3 4 4	9 6 9 7	2 3 8 3	6 9 7 6	6 2 5 1	4 2 0 1	2 0 3 8	6 5 5 2
24	8 9 7 6	5 8 2 3	8 4 8 7	0 4 6 0	3 1 0 6	9 1 6 6	2 7 1 7	7 6 0 1
25	7 7 1 0	9 9 4 3	6 9 7 8	6 2 7 3	9 7 1 4	9 7 0 0	1 5 6 6	2 8 8 9
26	6 9 5 9	6 0 0 8	8 4 4 2	2 2 8 2	1 5 2 4	2 6 1 7	5 8 1 8	0 0 8 1
27	7 9 4 1	2 3 1 2	2 4 3 1	6 7 0 2	9 9 8 4	3 4 6 9	3 0 8 5	4 7 6 2
28	2 2 8 4	0 8 9 6	9 1 0 7	5 6 4 2	7 3 1 9	3 7 8 2	1 0 6 8	9 5 7 4
29	9 5 9 4	7 4 1 6	9 3 6 5	6 0 4 5	1 1 8 3	5 9 1 6	9 5 9 9	1 1 4 3
30	4 6 1 3	6 5 4 9	6 3 6 9	3 2 0 8	5 1 0 9	9 6 8 0	1 1 6 8	6 1 3 3

Se usarmos a tabela de números aleatórios temos de determinar qual o número inicial pelo qual iremos iniciar a aleatorização e a direção que iremos tomar. Podemos definir que iremos seguir o padrão direita, dois números para baixo, um número para a esquerda, dois números para baixo, um número para a direita. Para selecionarmos o primeiro número da tabela podemos fechar os olhos e apontar com o dedo. O facto de selecionarmos o primeiro número desta forma e não, por exemplo, escolhendo o primeiro da tabela, é apenas uma precaução para evitar que se consiga decifrar o esquema de aleatorização. O número sobre o qual cair o nosso dedo será, então, o primeiro.

A Figura 4 ilustra o processo de seleção dos números: o número 7675 é aquele sobre o qual "caiu" o nosso dedo, as setas indicam a direção da seleção dos números subsequentes. Os restantes números selecionados estão realçados em retângulos.

FIGURA 4 – Seleção de números aleatórios a partir de uma tabela de números aleatórios

	1 2 3 4	5 6 7 8	9 10 11 12	13 14 15 16	17 18 19 20	21 22 23 24	25 26 27 28	29 30 31 32
1	8 0 9 4	2 5 2 5	6 2 4 7	1 3 4 7	7 4 3 3	3 6 2 0	1 8 9 7	2 1 3 4
2	3 5 6 3	2 1 9 8	8 2 1 1	9 0 4 5	2 6 1 8	2 7 5 1	2 6 2 7	1 0 9 5
3	1 3 3 0	6 3 3 1	3 7 5 8	9 6 9 3	8 7 3 8	6 8 1 5	1 5 3 8	6 5 4 3
4	3 5 6 5	0 0 1 6	2 2 4 3	6 4 3 2	4 7 9 8	6 0 9 5	5 2 8 3	1 6 2 0
5	7 8 5 0	5 9 2 5	5 5 8 8	7 3 1 1	2 1 9 2	4 5 4 5	3 5 3 0	5 5 8 9
6	4 4 9 0	5 4 1 7	9 7 2 7	6 1 5 3	5 9 0 1	4 8 7 8	9 9 8 0	9 8 7 7
7	6 5 4 5	9 1 0 4	9 3 1 8	8 8 1 9	7 5 3 7	2 7 8 5	9 3 7 3	2 4 4 5
8	3 6 2 6	5 9 9 5	1 2 1 5	9 7 5 3	9 2 2 3	5 6 5 8	2 9 4 4	2 8 9 9
9	4 6 6 5	4 8 2 0	7 5 5 4	0 6 1 2	9 6 6 3	4 2 5 1	9 1 3 8	1 7 0 9
10	6 4 9 8	7 5 1 9	0 4 7 4	7 8 1 8	6 8 3 2	9 6 8 3	9 8 7 2	4 0 9 0
11	6 7 2 2	9 8 6 9	9 3 6 1	7 8 7 5	4 8 8 8	1 3 1 5	9 6 7 9	8 8 3 4
12	9 7 4 8	5 9 3 2	5 1 1 5	2 7 2 1	0 0 3 3	9 3 0 3	9 7 1 3	4 0 1 2
13	5 6 4 1	1 4 1 7	1 4 1 9	7 4 3 4	8 1 6 5	7 3 6 8	1 2 1 8	5 0 3 9
14	7 4 4 4	9 2 0 0	8 8 4 0	5 8 8 2	4 3 9 8	3 9 0 4	9 1 9 9	9 3 3 6
15	8 2 7 9	3 0 1 9	4 6 7 2	3 7 4 3	3 9 7 9	4 6 8 9	9 0 2 1	6 9 9 0
16	0 1 6 1	7 6 1 7	1 0 2 4	2 3 8 7	2 8 9 1	6 6 7 7	1 5 8 5	2 4 8 2
17	7 3 8 8	9 7 5 9	7 5 5 5	6 6 2 4	9 9 7 7	2 0 0 8	5 5 9 6	9 7 4 0
18	7 8 3 0	4 7 1 4	3 8 9 5	2 9 1 9	1 8 0 4	4 0 4 4	1 0 3 4	2 5 9 7
19	9 8 8 7	4 2 1 6	6 5 2 6	4 5 3 5	8 4 3 0	5 2 7 0	9 6 0 5	0 7 8 8
20	1 2 6 1	2 5 1 6	8 5 6 9	2 3 1 0	3 9 3 9	8 7 0 3	9 8 4 1	0 3 5 3
21	3 9 4 7	4 9 3 7	7 6 3 4	2 5 4 3	6 2 3 9	7 4 5 5	2 0 5 5	7 7 9 5
22	4 5 5 0	8 1 0 3	1 2 5 0	2 3 0 4	1 1 3 8	9 7 8 8	9 1 4 4	4 5 2 6
23	1 3 4 4	9 6 9 7	2 3 8 3	6 9 7 6	6 2 5 1	4 2 0 1	2 0 3 8	6 5 5 2
24	8 9 7 6	5 8 2 3	8 4 8 7	0 4 5 0	3 1 0 6	9 1 6 6	2 7 1 7	7 6 0 1
25	7 7 1 0	9 9 4 3	6 9 7 8	8 2 7 3	9 7 1 4	9 7 0 0	1 5 6 6	2 8 8 9
26	6 9 5 9	6 0 0 8	8 4 4 2	2 2 8 2	1 5 2 4	2 6 1 7	5 8 1 8	0 0 8 1
27	7 9 4 1	2 3 1 2	2 4 3 1	6 7 0 2	9 9 8 4	3 4 6 9	3 0 8 5	4 7 6 2
28	2 2 6 4	0 8 9 8	9 1 0 7	5 6 4 2	7 3 1 9	3 7 8 2	1 0 6 8	9 5 7 4
29	9 5 9 4	7 4 1 6	9 3 6 5	6 0 4 5	1 1 8 3	5 9 1 6	9 5 9 9	1 1 4 3
30	4 6 1 3	8 5 4 9	6 3 6 9	3 2 0 8	5 1 0 9	9 6 8 0	1 1 6 8	6 1 3 3

Seguindo o procedimento anterior, selecionámos os números: 7875, 4888, 8167, 7434, 3743 e 8979. De acordo com os critérios que estabelecemos inicialmente, ou seja, que os números pares distribuiriam para o grupo A e os ímpares para o grupo B, teremos então a sequência BABABB, querendo isto dizer que os primeiros 6 participantes serão distribuídos sequencialmente nesta ordem. Em alternativa, poderíamos ter tomado cada algarismo de cada número como critério de aleatorização o que daria a sequência BABBAAAAABABBABABBABABBB. As estratégias são inúmeras e não tem relevância aquela que escolhemos.

No caso de existirem mais do que dois grupos de tratamento, o procedimento é o mesmo, devendo-se, para tal, determinar quais os algarismos que irão distribuir para A, B e C (e.g., 1,2 e 3 para A, 4,5 e 6 para B e 7,8 e 9 para C). Assim, e tomando como exemplo os números que selecionámos anteriormente, de forma aleatória, teríamos, utilizando a sequência de algarismos nos números, a seguinte lista: CCCBBCCCCABCBCAC... A grande vantagem deste método é que é completamente impossível prever qual o tratamento seguinte.

No entanto, e porque a grande maioria dos ensaios clínicos tem um tamanho finito, pode acontecer termos números díspares de participantes nos diferentes grupos de tratamento. Estas diferenças tenderão a ser maiores quanto menor for o tamanho da amostra. Pensa-se que as diferenças entre grupos de tratamento só são insignificantes em ensaios clínicos com mais de 200 participantes pelo que só nestes casos se recomenda a utilização da aleatorização simples[51].

Se tomarmos como exemplo a lista anterior para três tratamentos podemos concluir que existem 10C:4B:2A, ou seja, um maior número de participantes no grupo C do que nos outros. Uma das formas de evitar este problema é elaborando outra lista de distribuição uma vez que é pouco frequente que as desigualdades entre os grupos se venham a verificar. No entanto devem de existir critérios bem claros para a substituição da primeira lista de distribuição por uma segunda. Alguns autores referem que a substituição deve de acontecer quando a disparidade entre grupos é igual ou superior a 10%[52].

Outra forma de ultrapassar esta questão é recorrendo à distribuição aleatória por blocos.

Aleatorização por blocos ou restrita

Na aleatorização por blocos garantimos que exatamente o mesmo número de tratamentos em intervalos de tempo iguais numa determinada sequência de participantes.

Imaginemos que temos dois grupos por onde queremos distribuir os indivíduos: um grupo de tratamento A e um grupo placebo B. Com base nestas letras (A e B) podemos criar blocos de 4 letras de modo a termos: AABB, BBAA, BABA, ABAB, ABBA, BAAB. Habitualmente, a dimensão dos blocos é um múltiplo do número de tratamentos[53], neste caso específico, 4 é múltiplo de 2 (A e B).

De seguida, estabelecemos que vamos aleatorizar quatro participantes de acordo com o último algarismo do número aleatório de tal modo que aqueles que terminam em 1 referem-se à sequência AABB, os que terminam em 2 à BBAA, em 3 à ABAB, em 4 à ABAB, em 5 à ABBA e em 6 à BAAB, ignorando os algarismos 0, 7, 8 e 9.

[51] Vide Pocock, Stuart, Clinical Trials: A Pratical Approach (John Wiley & Sons Ltd., 2000).

[52] Vide Pocock, Stuart.

[53] Vide J. M. Bland and D. G. Altman, 'Measuring Agreement in Method Comparison Studies', Statistical Methods in Medical Research, 8.2 (1999), 135–60 <https://doi.org/10.1177/096228029900800204>.

Utilizando os números aleatórios selecionados no exemplo da aleatorização simples (7875, 4888, 8167, 7434, 3743 e 8979), teremos que a sequência de aleatorização será ABBA – ABAB – ABAB.

O principal problema da aleatorização por blocos é ser mais fácil de prever a sequência de aleatorização. A possibilidade de prever a sequência será tanto maior quanto menor for o tamanho do bloco.

Para além da aleatorização simples e por blocos, existem outras formas de aleatorização, nomeadamente a **aleatorização estratificada**. Esta utiliza-se quando existe necessidade de tornar os grupos de tratamento comparáveis em termos de variáveis que possam interferir com o desfecho final como, por exemplo, a idade. As disparidades entre os grupos de tratamento podem dificultar a interpretação dos resultados, principalmente em estudos de pequena dimensão.

Neste caso, e de uma forma muito genérica, o procedimento de aleatorização pode seguir os padrões descritos para a aleatorização por blocos sendo que a diferença reside na elaboração de listas de aleatorização diferentes para cada um dos estratos. Neste caso específico, a aleatorização simples não é uma boa opção na medida em que pode não garantir a igual distribuição dos indivíduos pelos grupos de tratamento, colocando, assim, em risco todo o objetivo da estratificação[54].

Especificidades no tratamento: ocultação ou blinding

Atualmente, e como já referimos, a questão da ocultação ou *blinding*[55] é reconhecida indubitavelmente como um dos critérios de qualidade dos ensaios clínicos. Contudo, nem sempre é possível.

Imaginemos que queremos comparar dois tratamentos cirúrgicos relativamente à recuperação (medida em tempo até retomar as atividades de vida diária, intercorrências cirúrgicas e dor): colecistectomia (remoção da vesícula biliar) por laparoscopia e colecistectomia por laparotomia. Como é óbvio, e se pensarmos do ponto de vista do doente e apenas do ponto de vista pós-operatório (esqueçamos as questões de anestesia e preparação para a cirurgia), no primeiro caso, o doente acordará com pequenas incisões no abdómen, no segundo com uma incisão maior, também no abdómen. Cada doente será capaz de perceber exa-

[54] Bland and Altman.

[55] Do inglês *to blind*, em português cegar

tamente a que tratamento foi sujeito. Já se pensarmos do ponto de vista de quem "administra" o tratamento, neste caso o cirurgião, é óbvio que saberá exatamente que procedimento está a realizar, assim como toda a restante equipa de saúde. A questão que poderá estar a colocar a si mesmo neste momento será "Mas qual é o problema?".

O problema é que o facto de quem está envolvido no ensaio clínico saber qual o tratamento a que cada indivíduo está sujeito pode, potencialmente, enviesar os resultados do estudo. Clarificando, se o participante souber qual o tratamento a que está sujeito pode ter um benefício psicológico, ou seja, pode sentir-se privilegiado. Por outro lado, pode, também, sentir-se menos seguro por estar a ser alvo de um tratamento novo. Existe também a possibilidade do participante, ao saber que está a ser sujeito ao tratamento "normal" se sentir preterido. Todas estas situações podem influenciar o desfecho: o participante pode sentir "mais" ou "menos" efeitos secundários, por exemplo. Da mesma forma, quem administra o tratamento ou quem, por exemplo, regista os efeitos do tratamento pode ser influenciado apenas por saber qual o tratamento a que o participante foi sujeito. Esta influência pode resultar, por exemplo, numa subvalorização ou sobrevalorização dos sintomas e da ocorrência de desfechos. A este efeito chamamos genericamente, **efeito de placebo**[56].

A ocultação pode ocorrer de diferentes formas:

- Ocultação simples – o participante desconhece o tratamento que lhe está a ser administrado
- Ocultação dupla – o participante e o observador (i.e., quem avalia desfechos e efeitos adversos) desconhecem qual o tratamento que foi administrado
- Ocultação tripla – o participante e o observador desconhecem qual o tratamento que foi administrado e a análise estatística é realizada na ignorância dos tratamentos, ou seja, quem analisa os dados desconhece se estes se referem ao grupo de tratamento ou de controlo.

Existe, ainda, um tipo de ocultação, na língua anglo-saxónica referida como *concealing* (termo para o qual não existe tradução consensual em

[56] Vide Porta, Miquel and others, p. 215.

português) que se refere ao processo de ocultar aos responsáveis pelo recrutamento dos participantes, até que a distribuição pelos grupos de tratamento esteja terminada, a qualidade de pertença aos grupos. Tal é possível, por exemplo, através da distribuição das listas de aleatorização como as apresentadas anteriormente, sem que seja explicitado a que se referem A e B.

Ensaios comunitários

Os ensaios comunitários, também conhecidos por estudos de intervenção em estilos de vida ou ensaios de saúde pública de base comunitária, são estudos experimentais em que a unidade selecionada para receber um determinado tratamento é uma comunidade ou uma subdivisão política[57].

Estes estudos têm como principal objetivo avaliar medidas de prevenção primária (prevenção da ocorrência de doença). Por exemplo, se os fatores de risco para determinada doença ou problema de saúde são elevados numa determinada comunidade e não se consegue identificar grupos de risco, então os ensaios comunitários são particularmente adequados. Assim, estes diferenciam-se dos ensaios clínicos porque a comunidade é estudada como um todo, i.e., como o conjunto dos indivíduos.

Num ensaio comunitário iremos selecionar duas comunidades semelhantes entre si no maior número possível de características. O "consentimento" para a participação da comunidade é, habitualmente, solicitado aos líderes dessa comunidade. Um procedimento comum é realizar-se um inquérito que tem como objetivo a determinação da prevalência de problemas de saúde e de fatores de risco. Normalmente, tratam-se de problemas de saúde que podem ser abordados de uma perspetiva de prevenção primária, ou seja, que se acredita que, sendo alvo de ações de prevenção e promoção de saúde, os problemas podem diminuir, significativamente, na comunidade. Dizemos, em jargão, que estes problemas de saúde devem ser passíveis de uma abordagem por programa de saúde. Um exemplo mais concreto – os problemas cardiovasculares são passíveis de prevenção primária, através da promoção de estilos de vida saudáveis.

[57] Lilienfeld, David and Stolley, Paul; Porta, Miquel and others.

É por este motivo que alguns autores denominam os ensaios comunitários de estudos de intervenção em estilos de vida.

Como qualquer outro tipo de estudo epidemiológico, os ensaios comunitários começam com a elaboração de um protocolo que orientará toda a investigação. O desenho geral de um ensaio comunitário encontra-se esquematizado na Figura 5.

Figura 5 – Esquematização do desenho de um ensaio comunitário (adaptado de Lilienfeld & Stolley, 1994)

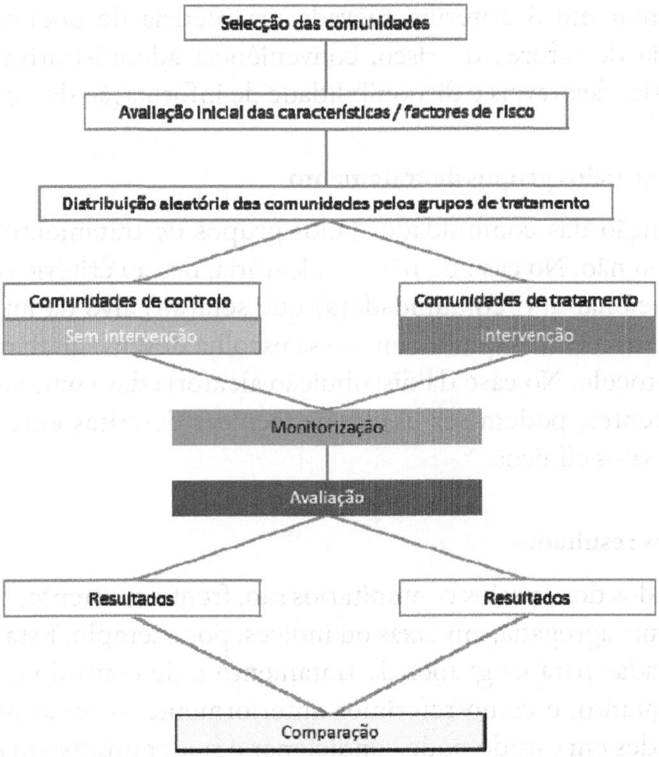

Seleção das comunidades

A seleção das comunidades que irão ser sujeitas aos tratamentos (intervenção e controlo) é um passo fundamental no desenho dos ensaios comunitários. Habitualmente o número de comunidades é baixo uma vez que este tipo de estudo é bastante dispendioso. Tal faz com que haja uma perda de poder estatístico e, desta forma, perda da capacidade para detetar diferenças entre as comunidades com diferentes tratamentos.

As comunidades a serem selecionadas, idealmente, devem ser estáveis, com pouca migração e ter serviços de saúde "estanques", i.e., que sirvam a comunidade e não várias comunidades simultaneamente, de modo a tornar menos enviesada a medição dos efeitos. Adicionalmente, devem ter aproximadamente a mesma dimensão, tipo de economia e constituição social.

Alguns autores defendem, ainda, que a seleção das comunidades deve assentar em 5 critérios: elevada prevalência de doença, elevada prevalência de fatores de risco, conveniência administrativa, relações comunitárias favoráveis e disponibilidade de informação demográfica[58].

Distribuição pelos grupos de tratamento

A distribuição das comunidades pelos grupos de tratamento pode ser aleatória ou não. No caso de não ser aleatória, fica ao critério do investigador selecionar a(s) comunidade(s) que será(ão) alvo da intervenção, sendo que os motivos que levam a essa escolha devem ser claros e constar do protocolo. No caso da distribuição aleatória das comunidades pelos tratamentos, podem ser usadas as técnicas descritas anteriormente para os ensaios clínicos.

Análise dos resultados

Os resultados dos ensaios comunitários são, frequentemente, apresentados de forma agregada, em taxas ou índices, por exemplo. Estas medidas são calculadas para os grupos de tratamento e de controlo e comparadas. No entanto, e como referimos anteriormente, o baixo número de comunidades em estudo pode condicionar o poder estatístico do estudo e, consequentemente, as comparações a serem feitas. Durante a análise dos dados, deve-se ter em consideração possíveis alterações na composição da população das comunidades.

[58] Lilienfeld, David and Stolley, Paul.

Ensaios de campo

Os ensaios de campo são muito semelhantes aos ensaios comunitários, principalmente no que diz respeito ao seu desenho. A principal diferença refere-se à intervenção. Enquanto que no ensaio comunitário a intervenção tende a ser comunitária (e.g., um programa de saúde), ou seja, a intervenção é aplicada à comunidade como um todo, nos ensaios de campo a intervenção é dirigida a todos os indivíduos da comunidade mas a sua aplicação é individual (e.g., administração da vacina da poliomielite).

Estudos observacionais

Os estudos observacionais são cada vez mais considerados na tomada de decisão em saúde. A grande questão acerca dos estudos observacionais e da sua capacidade em demonstrar uma relação de causa-efeito, relaciona-se com os vieses que podem colocar em causa a sua validade interna[59].

Ao longo do tempo, e em paralelo com a própria evolução epistemológica da epidemiologia, os estudos observacionais foram adotando diferentes denominações. Atualmente, a classificação mais consensual distingue os diferentes tipos de estudos observacionais de acordo com as unidades de observação e a medição efetuada (Quadro 2).

Quanto ao tipo de medição, podemos distinguir entre os que usam medidas transversais (e.g., momentos de tempo, estudos transversais) e aqueles que fazem medições longitudinais, i.e., os dados são colhidos

[59] Paul Glasziou, Jan Vandenbroucke, and Iain Chalmers, 'Assessing the Quality of Research', *BMJ*, 328.7430 (2004), 39–41 <https://doi.org/10.1136/bmj.328.7430.39>; Paul Glasziou and others, 'When Are Randomised Trials Unnecessary? Picking Signal from Noise', *BMJ (Clinical Research Ed.)*, 334.7589 (2007), 349–51 <https://doi.org/10.1136/bmj.39070.527986.68>; Stuart J. Pocock and others, 'Issues in the Reporting of Epidemiological Studies: A Survey of Recent Practice', *BMJ (Clinical Research Ed.)*, 329.7471 (2004), 883 <https://doi.org/10.1136/bmj.38250.571088.55>; Erik von Elm and others, 'The Strengthening the Reporting of Observational Studies in Epidemiology (STROBE) Statement: Guidelines for Reporting Observational Studies', *Annals of Internal Medicine*, 147.8 (2007), 573–77; John Concato and Ralph I. Horwitz, 'Beyond Randomised versus Observational Studies', *Lancet (London, England)*, 363.9422 (2004), 1660–61 <https://doi.org/10.1016/S0140-6736(04)16285-5>; Jan P. Vandenbroucke, 'When Are Observational Studies as Credible as Randomised Trials?', *Lancet (London, England)*, 363.9422 (2004), 1728–31 <https://doi.org/10.1016/S0140-6736(04)16261-2>.

em dois ou mais períodos de tempo distintos (e.g., estudos de coorte e de caso-controlo). Os estudos ecológicos, que discutiremos mais adiante, classificam-se noutra taxonomia.

No que diz respeito às unidades de observação, os estudos observacionais dividem-se em dois tipos: os que utilizam os indivíduos como medidas de observação e aqueles que observam grupos de indivíduos. Entre os primeiros contam-se os estudos transversais, de caso controlo e de coorte; entre os segundos, os estudos ecológicos.

Quadro 2 – Taxonomia dos estudos observacionais, conceito e objetivos [adaptado parcialmente de Bhopal, 2002[60]]

Tipo de estudo	Unidades de observação	Tipo de medição	Conceito	Alguns objetivos	Outras denominações
Estudo ecológico	Grupos de indivíduos	Transversal ou longitudinal	Contar casos e relacioná-los com dados populacionais de modo a produzir indicadores e analisar padrões	Vigilância da mortalidade e da morbilidade Procurar associações ecológicas Gerar hipóteses	Correlacionais
Estudo transversal	Indivíduos	Transversal	Estudar condições de saúde ou doença e fatores associados numa população ou populações, num determinado tempo e lugar	Medir a prevalência de doença ou fatores relacionados Procurar associações entre a doença e fatores relacionados Gerar/ testar hipóteses Repetir estudos de modo a medir as alterações e a avaliar as intervenções	Prevalência
Estudo de caso-controlo			Estudar diferenças e semelhanças entre uma série de casos (com o resultado de interesse) e controlos (sem o resultado de interesse)	Procurar associações Gerar/ testar hipóteses	Caso-referência
Estudo de coorte		Longitudinal	Seguimento de indivíduos em que se relaciona informação acerca de fatores de risco e problemas de saúde com determinados desfechos/ resultados	Estudar a história natural da doença Medir a incidência de doença Procurar associações entre possíveis causas e a doença Gerar/ testar hipóteses	Follow-up, de seguimento, incidência

Em alguns manuais de epidemiologia podemos encontrar a classificação em **estudos prospetivos** e **estudos retrospetivos**. No primeiro caso estamos a falar de estudos em que a medição da exposição e das co-variáveis é feita antes do aparecimento da doença. No segundo, falamos daqueles em que as medições são feitas depois da doença ter

[60] Bhopal, Raj, *Concepts of Epidemiology: An Integrated Introduction to Ideas, Principles and Methods of Epidemiology* (Oxford University Press, 2002).

ocorrido[61]. Tradicionalmente, eram associados aos estudos prospetivos, os estudos de coorte e aos retrospetivos os estudos de caso-controlo. No entanto, esta associação já não faz sentido uma vez que os termos prospetivo e retrospetivo devem de ser empregues para referir o tempo de ocorrência da doença (efeito) face à medição da exposição (causa) no estudo. Desta forma, quer os estudos de caso controlo quer os de coorte podem ser prospetivos ou retrospetivos[62].

Estudos ecológicos

Os estudos ecológicos (ou de correlação) medem a presença de uma determinado fator e comparam-no com a ocorrência de uma doença de modo a formular hipóteses sobre possíveis causas de doença, em diferentes populações ou grupos[63].

Podemos encontrar um exemplo num estudo realizado em Birmingham, no Reino Unido, onde se procurou a associação entre o número médio de horas de Sol e a incidência de tuberculose, entre 1982 e 2010[64].

Os estudos ecológicos são classificados de acordo com o método de agregação das unidades de observação e a medição da exposição (Quadro 3).

A agregação das unidades de observação pode ser realizada pelo lugar (desenho de grupos múltiplos) (e.g., distritos de Portugal), pelo tempo (desenho de tendência temporal ou séries temporais) (e.g., de 1975 a 2012) ou por uma combinação de ambos (desenho misto) (e.g., distritos de Portugal entre 1975 e 2012).

[61] Vide Keneth Rothman, Epidemiology: An Introduction, 2nd edition (New York: Oxford University Press, 2012).

[62] Rothman; Porta, Miquel and others.

[63] Jonathan Wakefield, 'Ecologic Studies Revisited', *Annual Review of Public Health,* 29 (2008), 75–90 <https://doi.org/10.1146/annurev.publhealth.29.020907.090821>.

[64] Gavin C. K. W. Koh and others, 'Tuberculosis Incidence Correlates with Sunshine: An Ecological 28-Year Time Series Study', *PloS One,* 8.3 (2013), e57752 <https://doi.org/10.1371/journal.pone.0057752>.

Quadro 3 – Taxonomia dos estudos ecológicos e objetivos dos diferentes tipos de estudos ecológicos[65]

Quanto à agregação das unidades de observação	Quanto à medição da exposição	Objetivo
Desenho de grupos múltiplos	Exploratório	Procurar padrões que possam sugerir etiologia ambiental ou hipóteses etiológicas mais específicas
	Analítico	Avaliar a associação ecológica entre a média de exposição e a prevalência ou taxa de doença entre diferentes grupos
Desenho de tendência temporal ou séries temporais	Exploratório	Comparar indicadores de doença (e.g., taxas) ao longo do tempo numa população definida geograficamente
	Analítico	Avaliar a associação ecológica entre as alterações na média de exposição e na prevalência ou taxa de doença, ao longo de um período de tempo, numa população definida geograficamente
Desenho misto	Exploratório	Comparar indicadores de doença ao longo do tempo em diferentes populações
	Analítico	Avaliar a associação entre as alterações no nível médio ou prevalência de exposição e alterações na ocorrência de doença nos grupos ao longo do tempo e entre grupos

Relativamente ao método de medição da exposição, se não existe uma exposição específica de interesse ou se a exposição de interesse não está medida, dizemos que o estudo ecológico é exploratório (e.g., comparar a taxa de incidência de doença entre várias regiões no mesmo período de tempo). Este tipo de estudo tem como objetivo procurar padrões espaciais que possam sugerir hipóteses etiológicas.

Quando a exposição é medida e incluída na análise então o estudo diz-se analítico e avalia a associação ecológica entre o nível médio de exposição e a prevalência ou incidência da doença entre vários grupos (e.g., investigar a relação entre a duração média do desemprego em semanas e as taxas anuais de suicídio por grupo etário e sexo, em oito Estados e territórios da Austrália, entre 1985 e 2006[66]).

Os estudos ecológicos são bastante utilizados e rápidos de executar uma vez que, na maior parte dos casos, os dados estão disponíveis em bases de dados pré-existentes como as das estatísticas vitais, registos de

[65] Rothman.

[66] Allison Milner, Andrew Page, and Anthony D. LaMontagne, 'Duration of Unemployment and Suicide in Australia over the Period 1985-2006: An Ecological Investigation by Sex and Age during Rising versus Declining National Unemployment Rates', *Journal of Epidemiology and Community Health*, 67.3 (2013), 237–44 <https://doi.org/10.1136/jech-2012-201594>.

base populacional, censos, entre outras[67]. Como não exigem colheita de dados primários são, igualmente, pouco dispendiosos. No entanto, ao utilizarmos dados secundários podemos ficar limitados àqueles que estão disponíveis. É frequente não encontrarmos dados clínicos agregados ou encontrarmo-los incompletos, pouco fiáveis ou demasiado "brutos". Podem, ainda, existir diferenças na classificação de doenças e no cálculo dos indicadores ou divergências nas áreas geográficas o que pode impossibilitar a comparação dos dados. Adicionalmente, quando os estudos ecológicos se baseiam em dados de mortalidade, a inferência ecológica é mais limitada uma vez que este indicador reflete, simultaneamente, a ocorrência e o desfecho da doença[68].

Os estudos ecológicos são uma alternativa sempre que não existem dados individuais completos (e.g., não temos dados relativos à exposição de cada indivíduo, mas temos uma média de exposição do grupo a que esse indivíduo pertence) ou existem limitações de desenho com dados não agregados (e.g., exposições que variam pouco entre os indivíduos da mesma área geográfica).

Os estudos ecológicos são uma boa opção na avaliação do impacto de um programa ou política de saúde (e.g., avaliação do impacto da lei do tabaco na prevalência de fumadores e de ex-fumadores).

Dos estudos ecológicos resultam inferências ecológicas acerca dos efeitos de determinadas características nas taxas e indicadores. Podemos concluir, a partir dos resultados destes estudos, que existe uma associação entre taxas e indicadores (i.e., a nível agregado). Contudo, não podemos concluir que existe associação a nível individual[69]. Suponhamos que vários estudos ecológicos demonstram uma correlação entre a área ocupada por espaços verdes e de lazer e a prevalência de excesso de peso. Seria errado concluirmos que viver em zonas com determinada

[67] Para uma listagem de bases de dados vide Sarah Boslaugh, Secondary Data Sources for Public Health: A Practical Guide, Practical Guides to Biostatistics and Epidemiology (Cambridge University Press, 2007).

[68] Vide Rothman.

[69] Para a discussão sobre viéses dos estudos ecológicos, vide S. Greenland and J. Robins, 'Invited Commentary: Ecologic Studies--Biases, Misconceptions, and Counterexamples', American Journal of Epidemiology, 139.8 (1994), 747–60; S. Richardson, C. Guihenneuc--Jouyaux, and V. Lasserre, 'Re: Ecologic Studies-Biases, Misconceptions, and Counterexamples', American Journal of Epidemiology, 143.5 (1996), 522–23.

área de espaços verdes e lazer influencia individualmente o risco de ter excesso de peso.

À inferência errada que pode ocorrer quando uma associação observada a um nível agregado é transposta para um nível individual chama-se **falácia ecológica, viés ecológico ou de agregação**[70], ou seja, uma relação causal que existe a nível agregado pode não existir necessariamente a nível individual.

A falácia ecológica pode ocorrer quando o modelo conceptual em que se baseia o estudo e os dados em análise se referem a diferentes níveis[71] (e.g., o modelo conceptual diz respeito à utilização dos cuidados de saúde pelos indivíduos mas apenas estão disponíveis dados agregados como o número de consultas por centro de saúde).

Os estudos ecológicos (principalmente as séries temporais) podem ser temporalmente ambíguos pois não é possível ter a certeza que a exposição foi anterior à doença (o que se torna particularmente preocupante quando o indicador de doença pode influenciar o de exposição)[72].

Também é frequente, especialmente em desenhos de grupos múltiplos, a colineariedade[73] entre indicadores, particularmente naqueles relacionados com fatores demográficos e ambientais (e.g., índice de GINI e rendimento médio per capita), o que dificulta a análise e interpretação dos dados[74].

Estudos transversais

Os estudos transversais (*survey*, inquérito de frequência de doença ou estudo de prevalência) analisam a relação entre a frequência de doença ou outra condição de interesse e outras características da população num determinado tempo e lugar[75]. Referem-se a um ponto no tempo ou a um curto intervalo de tempo[76].

[70] Porta, Miquel and others.

[71] L. McLaren and P. Hawe, 'Ecological Perspectives in Health Research', *Journal of Epidemiology and Community Health*, 59.1 (2005), 6–14 <https://doi.org/10.1136/jech.2003.018044>.

[72] Keneth Rothman and Greenland.

[73] Quando existe uma correlação muito forte entre variáveis independentes.

[74] Keneth Rothman and Greenland.

[75] Rothman.

[76] Kate Ann Levin, 'Study Design III: Cross-Sectional Studies', *Evidence-Based Dentistry*, 7.1 (2006), 24–25 <https://doi.org/10.1038/sj.ebd.6400375>.

O Inquérito Nacional de Saúde é um estudo transversal que fornece dados de prevalência de problemas de saúde como a diabetes, a hipertensão arterial ou as doenças pulmonares obstrutivas crónicas e permite comparar a evolução destes problemas de saúde por ser repetido a cada 5 a 6 anos.

Outro exemplo: um estudo, realizado nos Estados Unidos, teve como objetivo determinar a prevalência da adesão a testes de despiste de sífilis de três em três meses em homens que têm sexo com homens e fatores associados. Verificou-se que 37,5% dos homens que têm sexo com homens faziam o teste de três em três meses. A adesão a este regime estava associada a infecção pelo vírus da imunodeficiência humana, ter mais de 10 parceiros sexuais, praticar sexo anal desprotegido com um parceiro casual e conhecer a recomendação[77].

Nos estudos transversais, a informação acerca da exposição é colhida ao mesmo tempo que a de doença de modo a poder comparar diferentes subpopulações de exposição relativamente à prevalência de doença. Em seguida, classificamos cada indivíduo em: sem exposição e sem doença (d), sem exposição e com doença (c), com exposição e sem doença (b) e com exposição e com doença (a), como ilustrado no Quadro 4 de dupla entrada.

Quadro 4 – Distribuição dos participantes de um estudo transversal por doença e exposição

	Com a doença	Sem a doença
Com a exposição	a	b
Sem a exposição	c	d

Os estudos transversais são pouco dispendiosos, relativamente rápidos de executar e largamente usados. Permitem conhecer a prevalência

[77] Para mais informação vide Kenneth A. Katz and others, 'Knowledge, Attitudes, and Practices Regarding Syphilis Screening among Men Who Have Sex with Men in San Fran cisco', Sexually Transmitted Diseases, 40.4 (2013), 318–22 <https://doi.org/10.1097/OLQ.0b013e3182809760>.

das doenças e de fatores associados, o estudo simultâneo de várias doenças e seus determinantes e, quando repetidos ao longo do tempo, avaliar a evolução do problema.

Nos estudos transversais identificamos os casos prevalentes (não incidentes) que podem não representar todos os casos de doença (e.g., os indivíduos que desenvolveram a doença, mas que morreram antes do estudo são excluídos). Tende, desta forma, a haver uma sobre representação dos casos com duração prolongada de doença e uma sub-representação daqueles cuja doença dura pouco (por cura ou por morte). Assim, e encontrada uma possível associação entre a doença e um fator, essa associação pode apenas ocorrer entre a sobrevivência à doença e o fator[78].

Por outro lado, estes estudos são incapazes de comprovar uma relação de temporalidade, i.e., que a causa antecedeu, de facto, a doença. Quando encontramos uma associação entre uma exposição e um efeito, podemo-nos sentir tentados a concluir que existe uma maior possibilidade de doença entre os expostos ou, então, de exposição entre os doentes. No entanto, tal não é correto uma vez que, tendo sido feita, simultaneamente, a medição da causa e do efeito, não podemos discernir se foi a causa que levou ao efeito ou o contrário. Para uma discussão mais aprofundada sobre a orientação de temporalidade, consultar o capítulo CAUSALIDADE EM EPIDEMIOLOGIA.

Estudos de caso-controlo

Os estudos de caso-controlo são desenhados para avaliar a associação entre um fator de risco ou exposição e a ocorrência de doença. Constituem, frequentemente, o primeiro passo do estudo etiológico de uma doença[79].

Partindo de uma população de origem bem definida, os indivíduos são selecionados com base no estado de doente/ não doente, independentemente do fator de risco ou exposição em estudo. Escolhemos os casos de entre os indivíduos doentes e os controlos de entre os que não apresentam a doença. Depois, casos e controlos são avaliados relativa-

[78] Gordis, Leon.

[79] Greenberg, Raymond and others; Gordis, Leon; Isabel dos Santos Silva, *Cancer Epidemiology: Principles and Methods* (International Agency for Research on Cancer, 1999) <http://www.iarc.fr/en/publications/pdfs-online/epi/cancerepi/CancerEpi.pdf>.

mente à prevalência da exposição ou fator de risco. Os resultados podem ser resumidos em casos com e sem exposição, controlos com e sem exposição, como ilustrado pelo Quadro 5.

Quadro 5 – Distribuição de casos e de controlos de acordo com a exposição

	Casos	Controlos
Com exposição	a	b
Sem exposição	c	d

Um estudo, realizado na Holanda, teve como objetivo estudar estilos de vida e características clínicas enquanto fatores de risco para a rutura de aneurisma intracraniano[80]. Foram estudados indivíduos com hemorragia subaracnoídea por rutura de aneurisma (casos) e indivíduos com aneurisma intracraniano sem rutura (controlos). Foram colhidos dados sobre estilos de vida e história clínica. A comparação de casos e controlos revelou que os hábitos tabágicos e a presença de cefaleias aumentavam a chance de rutura do aneurisma enquanto a hipercolesterolémia a diminuía.

Seleção dos casos

O estudo de caso-controlo começa pela seleção dos casos. O que entendemos por caso deve ser clara e inequivocamente definido de modo a diminuir a probabilidade de um caso ser classificado erradamente como controlo (sensibilidade do critério) ou que um indivíduo sem doença ser classificado como caso (especificidade do critério)[81].

Os casos podem ser identificados, por exemplo, a partir do registo de casos clínicos, de registos populacionais (e.g., registo oncológico), de casos identificados em estudos de coorte ou em estudos transversais.

[80] Monique H. M. Vlak and others, 'Independent Risk Factors for Intracranial Aneurysms and Their Joint Effect: A Case-Control Study', *Stroke*, 44.4 (2013), 984–87 <https://doi.org/10.1161/STROKEAHA.111.000329>.

[81] Sobre sensibilidade e especificidade do critério vide Greenberg, Raymond and others, Medical Epidemiology, Fourth edition (McGraw-Hill Companies, Inc, 2005).

Idealmente, os casos devem ser novos (incidentes) pois nos prevalentes os fatores de risco podem estar relacionados com a sobrevivência e não propriamente com a doença[82] e devem representar todos os casos de interesse para o estudo na população. Casos incidentes são habitualmente obtidos a partir de estudos de coorte.

Seleção dos controlos

Os controlos também devem ser selecionados sem qualquer relação com a exposição e representar indivíduos que seriam selecionados se desenvolvessem a doença, semelhantes aos casos, de modo a reduzir potenciais confundimentos[83]. Para garantirmos a similitude entre casos e controlos, podemos optar, por exemplo, pela estratificação ou pelo emparelhamento de grupo ou individual[84].

Os controlos podem ser selecionados de entre indivíduos hospitalizados por outro motivo que não a doença em estudo, a partir da comunidade, de registos de mortalidade, de um bairro ou até da própria família do caso. A escolha da fonte de controlos está ligada aos objectivos do estudo e à necessidade de controlar o efeito de alguns factores. Para cada tipo de fonte existem vantagens e desvantagens[85]. A inclusão de controlos provenientes de diferentes fontes aumenta a validade interna[86].

O número de controlos necessários para cada caso depende do estudo que estamos a realizar. Em algumas situações, os controlos disponíveis são em número limitado. Noutras, existem em grande número (e.g., se estudarmos uma causa de morte específica versus outra causa de

[82] Vide Gordis, Leon, Epidemiology, 5th edition (Saunders Elsevier, 2009).

[83] Vide David A. Grimes and Kenneth F. Schulz, 'Compared to What? Finding Controls for Case-Control Studies', Lancet (London, England), 365.9468 (2005), 1429–33 <https://doi.org/10.1016/S0140-6736(05)66379-9>.

[84] Para uma maior compreensão sobre emparelhamento e estratifficação no contexto dos estudos de caso-controlo vide Rothman and Greenland e James Schlesselman, Case-Control Studies (Oxford University Press, 1982).

[85] Para uma discussão sobre as vantagens e desvantagens dos diferentes tipos de controlos vide Greenberg, Raymond and others, Medical Epidemiology, Fourth edition (McGraw-Hill Companies, Inc, 2005); Grimes and Schulz; Schlesselman.

[86] Vide Lilienfeld, David and Stolley, Paul, Foundations of Epidemiology, 3rd edition (Oxford University Press, 1994).

morte). Por outro lado, mesmo os controlos estando disponíveis devemos ponderar o custo de estudar mais controlos face ao benefício que trará (e.g., em termos de potência estatística). Depois, se existirem poucos casos, um maior número de controlos[87] contribui, no geral, para aumentar a capacidade de detetar diferenças significativas.

Os principais problemas dos estudos de caso-controlo prendem-se com o viés de seleção e o de memória. O primeiro diz respeito aos erros sistemáticos que se introduzem aquando da seleção dos indivíduos (e.g., se a escolha dos casos e dos controlos for influenciada pela exposição). O viés de memória refere-se ao erro resultante da capacidade para relembrar ou colher dados sobre eventos ou experiências passadas (e.g., um indivíduo com uma determinada doença pode-se lembrar melhor de pormenores – exposições – que possam explicar a sua doença; se os dados sobre a exposição forem colhidos de registos clínicos, pode haver diferenças no registo dos dados, por exemplo, em termos unitários ou de precisão tensão arterial sistólica: 14 vs tensão arterial sistólica de 142 mmHg).

Os estudos de caso-controlo permitem-nos calcular a prevalência de exposição entre casos e controlos e perceber até que ponto a chance de doença está associada com a exposição. Não nos permitem, contudo, calcular medidas de risco como incidência cumulativa ou risco relativo.

Estudos de coorte

Nos estudos de coorte, subgrupos de uma determinada população são identificados de acordo com estarem, terem sido ou virem a ser expostos, ou não, a um ou mais fatores que se pensa influenciarem a ocorrência de uma doença[88].

Assim, grupos de indivíduos são seguidos durante um período de tempo suficiente (habitualmente anos) e a incidência de doença comparada entre grupos com diferentes níveis de exposição. Habitualmente existe pelo menos uma coorte de expostos podendo existir, ou não, uma de não expostos.

[87] Vários autores referem que acima de 4 controlos por cada caso deve ser bem ponderado o custo-benefício de aumentar o número de controlos versus os custos (e.g., tempo, dinheiro) inerentes.

[88] Porta, Miquel and others.

Os estudos de coorte são os que mais se assemelham aos estudos experimentais uma vez que um grupo de indivíduos sujeitos a uma exposição é seguido de modo a contar novos casos de doença. A única diferença é que o investigador não intervém na distribuição dos indivíduos, limitando-se a "observar".

A *Danish Birth Cohort* (www.dnbc.dk) é um exemplo de um estudo de coorte que se iniciou em 1996, na Dinamarca, e que tem como objetivo o estudo do efeito de exposições no período pré-natal até aos 18 meses de vida[89]. Ao todo o estudo já recrutou mais de 60 000 grávidas e seus bebés.

A seleção dos indivíduos depende do tipo de exposição em estudo, da frequência da exposição na população, da aceitação por parte dos indivíduos e da probabilidade de continuarem no estudo. Quer expostos quer não expostos devem estar livres da doença e ser igualmente suscetíveis ao desenvolvimento desta. Por outro lado, a informação disponível para uns e para outros deve ser equivalente, em qualidade e quantidade. Ambos devem estar acessíveis, igualmente motivados para participar no estudo e ser seguidos durante o tempo previsto. Expostos e não expostos não devem diferir nas características no início do seguimento, exceto no que diz respeito à exposição. Adicionalmente, os não expostos devem ser selecionados a partir da mesma população (ou comparável) dos expostos sendo que vários grupos de não expostos, selecionados de forma diferente, podem aumentar a validade do estudo.

É extremamente importante que os critérios de diagnóstico da doença ou da condição de interesse estejam claramente definidos e que os novos casos sejam identificados o mais perto possível do início dos sintomas.

Podemos resumir os resultados de um estudo de coorte, em expostos e não expostos que desenvolveram e não desenvolveram a doença e calcular medidas de incidência (novos casos no total da população em seguimento ou por tempo de seguimento) e várias medidas de risco (e.g., risco relativo).

[89] Para mais informação acerca desta coorte vide J. Olsen and others, 'The Danish National Birth Cohort-Its Background, Structure and Aim', Scandinavian Journal of Public Health, 29.4 (2001), 300–307.

O principal problema dos estudos de coorte são as perdas do seguimento já que podem colocar em risco a validade do estudo. Um seguimento de 60% é inadequado para tirar qualquer conclusão, sendo 80% aceitável, dependendo do tipo de características dos indivíduos perdidos (e.g., as características estão ou não relacionadas com a exposição e/ou doença)[90].

[90] N.E Breslow and N.E Day, *Statistical Methods in Cancer Research – the Design and Analysis of Cohort Studies* (International Agency for Research on Cancer, 1987), II <http://www.iarc.fr/en/publications/pdfs-online/stat/sp82/SP82_vol2-0.pdf>; Keneth Rothman and Greenland.

Medidas de ocorrência de doença

Medição em epidemiologia

A epidemiologia é uma ciência predominantemente quantitativa, preocupando-se com a distribuição dos problemas de saúde. Assim, a epidemiologia concentra-se nos aspetos de saúde e de doença que variam entre populações, lugares e tempos e que podem ser medidos. Ao quantificarmos os estados de saúde e de doença podemos compreender melhor o processo de saúde/doença, mas também perceber, por exemplo, a efetividade de determinadas intervenções de saúde pública.

Toda a medição em epidemiologia se baseia na variação, querendo isto dizer que apenas aquilo que varia – variável – nos interessa e poderá contribuir para perceber os fenómenos de saúde e doença (Figura 6).

Figura 6 – Representação esquemática dos conceitos de constante e de variável

Em epidemiologia, uma **variável** é, então, algo que representa, de forma operacional, um conceito, fenómeno ou caraterística subjacente, que varia (de valor) e que determina a maneira como os elementos de um conjunto são diferentes entre si.

Do ponto de vista prático, em epidemiologia, podemos classificar as variáveis em quantitativas e qualitativas[91], sendo as primeiras as que não envolvem diferenças substanciais (e.g., altura ou peso) e as segundas as que distinguem radicalmente (e.g., sexo – homem ou mulher). Adicionalmente usamos, com frequência, e, principalmente na ligação da epidemiologia com a estatística, os termos variável dependente e variável independente. A **variável dependente** é aquela que vai depender de outras, ou seja, cuja variação é determinada pela variação de outras. Se pensarmos em termos de causa e efeito, o efeito será a variável dependente. Já a **variável independente** diz respeito àquela que não é influenciada pelo acontecimento ou manifestação, mas que pode causá-lo ou contribuir para a sua manifestação. Mais uma vez, de uma perspetiva de causa/efeito, a variável independente será a causa.

São várias as fontes de variação em epidemiologia: desde as biológicas (como a genética, a nutrição, o ambiente, as características antropomórficas, entre outras) às condições ou métodos diferentes de medição. Por exemplo, se avaliarmos a temperatura axilar de um indivíduo saudável de manhã e à tarde, é possível que encontremos uma diferença que se deve à medição em condições diferentes (manhã e tarde). Por outro lado, se avaliarmos a tensão arterial do mesmo indivíduo usando um esfigmomanómetro de coluna de mercúrio ou um esfigmomanómetro eletrónico, iremos obter uma variação dos valores que se deve ao facto de estarmos a usar métodos diferentes de medição.

Quando falamos em medição em epidemiologia estamos, no fundo, a falar da aplicação de uma escala padronizada a uma variável ou conjunto de valores.

Existem duas propriedades da medição epidemiológica bastantes importantes: a precisão e a exatidão. A **precisão** tem a ver com a qualidade de ser bem definido[92], ou seja, com o grau de variação em torno de um

[91] Vide Douglas G Altman, Practical Statistics for Medical Research, First Edition (Chapman & Hall / CRC, 1999) que define variáveis categóricas e contínuas que, por analogia, podemos considerar como qualitativas e quantitativas, respetivamente.

[92] Porta, Miquel and others, p. 222.

determinado valor médio (que pode ser dado por medidas como o erro padrão de medição ou o desvio padrão). Assim, uma estimativa será tão mais precisa quanto menor for a variação em torno do parâmetro médio. Fazendo a analogia com um jogo de dardos, um indivíduo será tão mais preciso a atingir o alvo quanto menor for a variação (em distância ao alvo) das suas tentativas, ou seja, se todas as vezes que lançar o dardo acertar o mais perto possível do alvo.

Já a **exatidão** diz respeito à conformidade de uma medida com o seu padrão (por exemplo, de uma estimativa amostral com o parâmetro populacional)[93].

Medidas básicas em epidemiologia

Em epidemiologia existem quatro medidas básicas: a **razão**, a **proporção** e a **taxa** que relacionam o número de casos de doença ou de resultados com diferentes denominadores e a **contagem** que é uma medida absoluta.

A razão é um coeficiente entre dois números (x e y) que não têm relação entre si, expresso sob a forma de x:y. Por exemplo quando dizemos que existem 2 mulheres para cada homem, estamo-nos a referir à razão de mulheres para homens.

A proporção é um tipo específico de razão na qual o numerador está incluído no denominador e o resultado é expresso, normalmente, em percentagem ou permilagem. Por exemplo, a proporção de doentes diabéticos de uma consulta de medicina geral e familiar é dada pela divisão do número de doentes diabéticos na consulta pelo somatório dos doentes diabéticos e não diabéticos. A prevalência, medida de ocorrência de doença muito utilizada na epidemiologia, é uma proporção.

A taxa é uma forma especial de proporção que inclui a especificação do tempo. É, também, a medida que mais claramente exprime a probabilidade ou risco de doença de uma determinada população, num espaço definido. A taxa de incidência é um exemplo de taxa e será abordada a seu tempo.

A contagem (ou frequência absoluta) diz respeito à enumeração dos indivíduos de uma população ou amostra que têm determinada característica. Por exemplo, 20 indivíduos almoçaram num restaurante e

[93] Porta, Miquel and others, p. 3.

apresentam vómitos. Devemos ter em consideração que se trata de um número absoluto e, como tal, não permite a comparação entre grupos pois não conseguimos dizer se 20 indivíduos é muito ou pouco. A contagem enquanto medida epidemiológica, é muito limitada. Atentemos no seguinte exemplo, frequente nos meios de comunicação social: "Este ano (X), verificaram-se 34 acidentes com feridos ligeiros, menos 4 em comparação com o ano passado (Y)". Apesar da aparente redução, a verdade é que só podemos concluir que, de facto, houve redução no número de acidentes rodoviários se soubermos qual o número de veículos que circularam na estrada no período em estudo. Suponhamos que no ano X tivemos 34 acidentes e que circularam 100 carros, ou seja, houve 34% de acidentes com feridos ligeiros. Agora suponhamos, também, que, no ano Y houve 38 acidentes mas que circularam 150 veículos (ou seja, cerca de 23% de acidentes com feridos ligeiros). Embora em termos absolutos tenham existido menos acidentes no ano X do que no Y, em termos relativos, o número de acidentes aumentou no ano X em comparação com o Y.

Assim, para que uma contagem possa descrever um grupo, temos de a relativizar, ou seja, de a tornar comparável. Fazemos isso usando denominadores: "*...uma das preocupações centrais da epidemiologia é encontrar e enumerar denominadores adequados de modo a descrever e comparar grupos de forma significativa e útil.*"[94].

A contagem, a razão, a proporção e a taxa constituem as bases de cálculo das medidas de ocorrência (e.g., prevalência e incidência) e das medidas de risco (e.g., risco relativo e odds ratio).

Prevalência e incidência

As medidas de ocorrência são aquelas que nos permitem conhecer e, caracterizar os fenómenos de saúde e de doença numa determinada população, de um determinado lugar, num determinado tempo ou período de tempo. Existem dois grandes grupos de medidas de ocorrência: a **incidência** e a **prevalência**.

Ambas permitem quantificar a doença ou as características que estão associadas à ocorrência de doença, como, por exemplo, a exposição.

[94] Friedman, Gary, *Primer of Epidemiology*, 5th ed (McGraw-Hill Companies, Inc, 2004), p. 10. (tradução da autora)

No entanto, enquanto a incidência se refere sempre aos novos casos ou casos incidentes, a prevalência diz respeito a todos os casos de doença ou da característica que estamos a estudar, independentemente de serem novos ou antigos. Assim, a prevalência, e passando o pleonasmo, diz respeito aos casos prevalentes numa determinada população, num dado tempo.

Importa referir que, no caso da incidência, podemos, ainda, distinguir entre **incidência cumulativa** (na terminologia anglo-saxónica *cumulative incidence*) e **taxa de incidência** (*incidence rate*, em inglês).

As duas medidas referem-se a casos incidentes, i.e., novos casos. No entanto, a incidência cumulativa é uma proporção de casos incidentes e a taxa de incidência, como o próprio nome indica e por definição, tem uma importante componente de tempo no seu cálculo. Retomaremos a diferença entre incidência cumulativa e taxa de incidência um pouco mais adiante no texto.

A incidência e a prevalência estão relacionadas entre si. Se tomarmos como exemplo as doenças crónicas (que, aqui, definimos grosseiramente como aquelas que não têm cura e, como tal, se mantêm no indivíduo), os novos casos servirão para calcular a incidência e, posteriormente, constituirão parte dos casos da prevalência. Num exemplo mais concreto, os novos casos de infeção por VIH serão usados nos cálculos de incidência. Os casos de VIH (novos e "velhos") serão usados no cálculo da prevalência.

Curiosamente, para muitas situações, a contagem dos novos casos é mais fácil do que a dos casos. Sabemos que um novo caso de infeção por VIH é aquele que nunca tinha sido diagnosticado. No entanto, se pensarmos, por exemplo, no cálculo da prevalência de cancro de mama, as pessoas que foram tratadas e se encontram em remissão podem não ser contabilizadas como casos, mas a realidade é que não sabemos se estão ou não curadas. Isto acontece porque na remissão, o indivíduo não tem doença clínica, mas não é considerado curado até que decorram habitualmente 5 anos sem sintomas.

No cálculo de medidas de incidência e de prevalência temos de definir claramente o que é um caso, ou seja, enumerar os critérios definidores de ter doença. Muitas vezes usamos a terminologia critérios de elegibilidade (para caso) e critérios de exclusão (este tema já foi explorado aquando dos ensaios clínicos). Se tomarmos novamente como exemplo o caso da infeção por VIH, o critério que permitirá definir o indivíduo como caso será serologia positiva (anticorpos e antigénios para o VIH). Mas, se quisermos definir um caso de SIDA, os critérios serão outros completamente diferentes.

Para além de definir o que entendemos por caso, temos, ainda, de definir a população do estudo e observar todos os seus elementos (ou uma amostra destes). No caso da prevalência a observação ocorre num tempo específico considerado teoricamente como um ponto do tempo. No caso da incidência, a observação é realizada num intervalo de tempo, ou seja, ao longo de um período de tempo.

Importa referir que quando falamos de ponto de tempo teórico no cálculo da prevalência estamos a referir o período de colheita de dados que é entendido como ponto, podendo, contudo, ser um dia, uma semana ou um outro período.

Por exemplo, num estudo censitário dos indivíduos internados num hospital (que inclui todos os elementos de uma população) para determinar a prevalência de tuberculose pulmonar, a colheita de dados é realizada num só dia, isto porque se o fizéssemos em mais do que um dia teríamos variação nas unidades de observação (doentes): uns morreriam, outros teriam alta e outros ainda seriam admitidos ou readmitidos.

Noutro estudo, sobre a prevalência de hábitos tabágicos nos trabalhadores de uma fábrica, o período de colheita de dados poderá ser de um mês ou de uma semana sendo a prevalência calculada como se se tratasse de um dia.

Cálculo e interpretação da prevalência

A prevalência mede o número de indivíduos de uma população ou amostra que têm uma doença ou uma determinada característica num ponto de tempo teórico (que, como já foi explicado, pode ser um dia ou uma semana, por exemplo).

Há autores que distinguem entre **prevalência** e **prevalência percentual**. Para estes, a prevalência é a contagem dos indivíduos com a doença enquanto a prevalência percentual será dada pelo quociente entre o número de indivíduos com a doença, ou característica, e o total de pessoas da população ou amostra num ponto de tempo teórico.

Neste livro chamamos prevalência à prevalência percentual, definindo-a como apresentado na Fórmula 1.

Fórmula 1 – Prevalência

$$\text{Prev} = \frac{\text{N indivíduos com doença ou característica}}{\text{N ind com doença ou caract+N ind sem doença ou caract}} \times 10^n$$

A prevalência é, assim, uma proporção uma vez que o numerador está incluído no denominador. Vejamos: o numerador é o número de indivíduos com a doença/característica e o denominador o número de indivíduos com a doença/característica mais o número de indivíduos sem a doença/característica, ou seja, o total de indivíduos na população.

Como proporção, o valor que obtemos situa-se entre 0 e 1. Para tornar a leitura da prevalência mais compreensível, multiplicamos o resultado do coeficiente por um expoente de 10 (10^n), habitualmente 100 (10^2) ou 1 000 (10^3). A opção por 10^2, 10^3 ou outro expoente tem a ver com a inteligibilidade da informação. Se o resultado do coeficiente for 0,4, utilizamos preferencialmente 10^2 e dizemos que a prevalência é de 40%, ou seja, que em cada 100 indivíduos 40 têm a doença/característica. Se o resultado for 0,004 faz mais sentido usarmos o 10^3 (4 em cada 1 000 indivíduos têm a doença/característica) em vez de 10^2 (0,4 indivíduos em cada 100 têm a doença).

Vejamos um exemplo concreto. Um estudo transversal, realizado numa amostra de 2945 indivíduos com mais de 18 anos de idade, no ano de 2010, revelou que 67 tinham diabetes mellitus tipo II (DM_2) diagnosticado por um profissional de saúde. Temos, assim, 67 indivíduos com DM_2 num total de 2945 indivíduos. Utilizando a Fórmula 1, calculamos a prevalência de DM_2 na amostra do estudo em 23‰, ou seja, na amostra estudada, no ano de 2010, em cada 1 000 indivíduos 23 tinham DM_2.

$$Prev = \frac{N\ ind\ DM2}{Total\ ind\ amostra}\ x\ 10^n = \frac{67}{2945}\ x\ 10^n = 0{,}023\ x\ 10^3 = 23\ por\ 1\ 000$$

Neste caso, não seria aconselhável usarmos o expoente 2 de 10, ou seja 10 ao quadrado, uma vez que a informação seria que em cada 100 indivíduos 2,3 têm DM_2.

Nunca nos devemos esquecer que a epidemiologia é uma importante ferramenta das ciências da saúde e que deve informar claramente acerca dos problemas de saúde e dos seus determinantes. Assim, e para o caso apresentado, e porque não conseguimos definir 2,3 indivíduos devemos optar pelo expoente 3 de 10 (23 doentes em 1000 indivíduos).

Fatores que influenciam a prevalência

São vários os fatores que influenciam a prevalência, como a duração da doença, a incidência, a migração, a mortalidade e a letalidade, os meios de diagnóstico ou os tratamentos disponíveis. Uns levam a variações no numerador e outros no denominador da Fórmula 1.

Tendo em consideração o cálculo da prevalência, e de uma maneira geral, a prevalência aumenta quando o numerador (indivíduos com doença ou característica) aumenta ou o denominador diminui. A prevalência diminui quando o numerador diminui ou o denominador aumenta.

Por exemplo, a entrada (imigração) de pessoas saudáveis na população faz aumentar o denominador. Se o numerador se mantiver constante, a prevalência diminui. Por outro lado, se saírem indivíduos saudáveis da população (emigração) então o denominador diminui e a prevalência aumenta.

Analisemos, agora, como outros fatores que mencionámos anteriormente influenciam a prevalência. O aumento da incidência faz aumentar a prevalência uma vez que esta é dada pelo total de casos que resulta do somatório dos novos casos e dos casos já existentes ("velhos"). Por outro lado, quanto maior for a duração da doença, maior o número de casos, logo maior a prevalência. Uma maior duração da doença, em relação quer ao desfecho morte quer ao desfecho cura, pode resultar da melhoria dos tratamentos disponíveis ou dos meios de diagnóstico que permitem detetar a doença numa fase mais precoce e atuar de forma mais efetiva. Podemos encontrar como exemplo o cancro da mama. Nos últimos anos não só melhoraram os tratamentos, permitindo um maior tempo de sobrevida[95] das doentes como o diagnóstico precoce (por rastreio por mamografia) tende a melhorar de forma significativa o prognóstico.

[95] Para definições relacionadas com sobrevivência e análise de sobrevivência vide A Dictionary of Epidemiology, ed. by Porta, Miquel and others, 6th Edition (IEA, 2014), pp. 274, 275.

A letalidade da doença influencia, também, a prevalência. Um aumento da letalidade, ou seja, do número de indivíduos com a doença que morrem, leva a diminuição da prevalência. A esperança de vida dos casos também influencia a prevalência: quanto maior a esperança de vida dos doentes maior tenderá a ser a prevalência.

Apesar da prevalência ser uma medida largamente usada em saúde, pois sintetiza o peso de uma doença numa determinada população, e de ser, muitas vezes, a única medida disponível para caracterizar uma doença ou característica, pode, por vezes, fornecer um quadro enviesado da ocorrência da doença. A prevalência favorece a inclusão dos casos prevalentes (ou "antigos") em detrimento dos incidentes (ou novos). Se o número de novos casos for relativamente baixo, pode não se registar qualquer alteração no valor da prevalência, o que a torna uma medida pouco sensível.

Por último, embora a prevalência indique a "força" ou "peso" da doença (uma prevalência de 50% indica que a doença tem um grande peso para a população onde foi medida), não nos fornece, contudo, uma ideia do risco de doença uma vez que não toma em consideração a duração da doença. No exemplo anterior, em que verificámos que a doença tinha um peso elevado na população, não conseguimos discernir sobre se o risco dessa doença é elevado uma vez que não sabemos se estamos a falar de casos novos ou se de casos que se foram acumulando ao longo do tempo.

Cálculo e interpretação da incidência cumulativa

Para podermos calcular medidas de incidência necessitamos de observar a população em estudo num período de tempo de t_0 a t_n, definir a população em risco e conhecer o número de novos casos.

O período de observação (t_n-t_0) é determinado pela doença ou característica que estamos a medir. Por exemplo, se estivermos a medir a incidência de cancro do pulmão em fumadores o tempo de observação será igual ou superior ao necessário para que se desenvolva a doença (cancro do pulmão) após a exposição (tabaco fumado).

A população em risco tem de ser definida, ou seja, temos de identificar os indivíduos que estão em risco de se tornarem novos casos de doença, i.e., casos incidentes. Devemos de nos lembrar que um indivíduo está em risco de se tornar um caso de doença quando não tem a doença. Um indivíduo não está em risco de ser um caso incidente quando não pode ter a doença o que acontece quando tem ou teve a doença (e esta não ocorre mais do que uma vez, e.g., papeira) ou está morto.

Para identificar os novos casos de doença precisamos de examinar todos os indivíduos da população em estudo em intervalos de tempo curtos e regulares ou examinar todos os indivíduos no final do período de observação e identificar os novos casos.

Na Figura 7 encontramos um esquematização dos dados obtidos a partir de um estudo de coorte.

FIGURA 7 – Esquematização de dados de um estudo de coorte

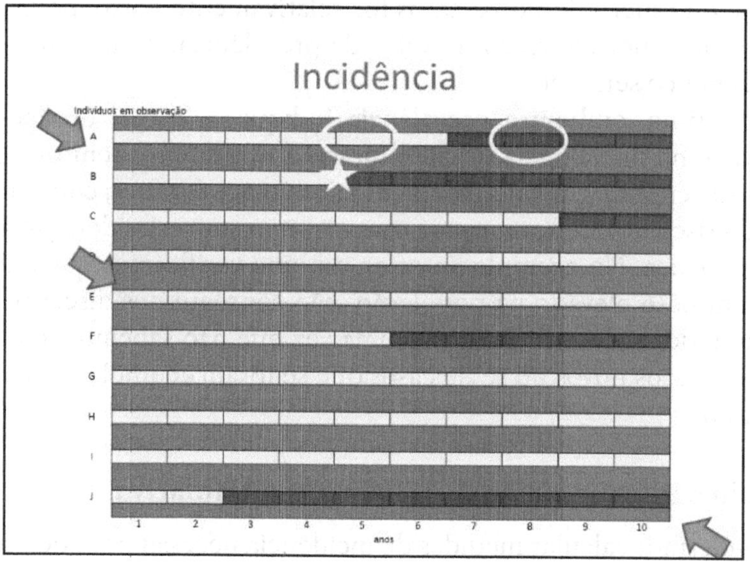

No eixo das ordenadas temos representados (de A a J) os indivíduos seguidos durante o tempo de estudo. No eixo das abcissas temos o tempo de seguimento em anos. Repare que todos os indivíduos começaram a ser seguidos no tempo 0 e terminaram o seguimento no tempo 10 anos.

Cada quadrado preenchido a branco indica que o indivíduo estava livre de doença e cada quadrado preenchido a mais escuro que o indivíduo estava doente. A estrela indica o início da doença.

Tomemos como exemplo o indivíduo B que iniciou o seguimento no tempo zero, esteve quatro anos sem doença e no início do quinto ano adoeceu, ou seja, tornou-se um novo caso de doença, tendo permanecido doente o restante tempo. Assim, podemos perceber que o indivíduo B esteve quatro anos em risco de desenvolver a doença e que esse risco se tornou nulo (igual a zero) a partir do momento em que adoeceu.

A **incidência cumulativa** é dada pelo coeficiente entre o número de novos casos de doença no tempo de seguimento e o número de indivíduos em risco de desenvolver a doença no início do tempo de seguimento, ou seja, em t_0 (Fórmula 2).

Fórmula 2 – Incidência Cumulativa

$$Inc\ Cum = \frac{\boldsymbol{N\ novos\ casos\ de\ doença\ em\ t_n - t_0}}{\boldsymbol{N\ inds\ em\ risco\ de\ desenvolver\ doença\ em\ t_0}}\ x\ 10^n$$

Na incidência cumulativa o denominador, ou seja, o número de indivíduos em risco de desenvolver a doença é medido apenas no início do estudo o que faz com que não seja sensível à entrada ou saída de indivíduos da população.

Por outro lado, a incidência cumulativa é, à semelhança da prevalência, uma proporção, mas, neste caso específico, de casos incidentes (novos). Como tal, a incidência cumulativa assume valores entre 0 e 1. Esta característica possibilita que possa ser interpretada como uma medida indireta de risco, tendo em consideração que resulta de um estudo longitudinal em que a medição da exposição e da doença ocorre em tempos diferentes.

Retomemos a representação esquemática dos dados de um estudo de coorte (Figura 8) e calculemos a incidência cumulativa de doença nos 10 anos de seguimento usando a Fórmula 2.

FIGURA 8 – Esquematização de dados de um estudo de coorte

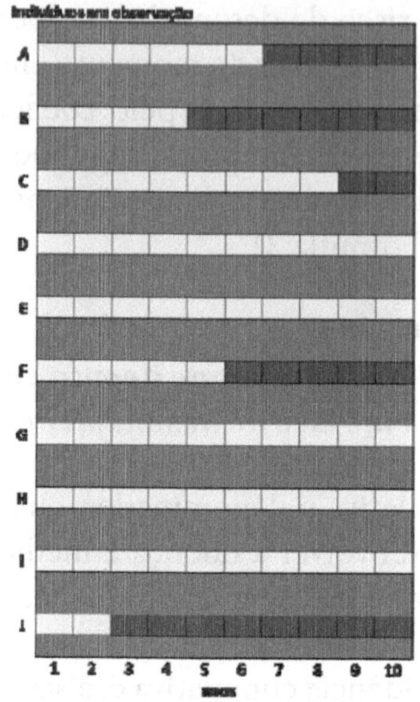

Temos então que t_n é igual a 10 anos e t_0 é igual a zero. No início do seguimento, ou seja, em t_0, nenhum dos indivíduos estava doente. No entanto, em t_{10}, ou seja, ao fim dos 10 anos de seguimento, 5 indivíduos tinham desenvolvido a doença e 5 tinham permanecido saudáveis. Assim, o numerador na incidência cumulativa será de 5 novos casos de doença.

Em t_0 tínhamos 10 indivíduos que se encontravam em risco de desenvolver a doença. Assim, o denominador da incidência cumulativa será 10, pelo que a incidência cumulativa de doença nos 10 anos de seguimento é de 5 em 10, ou seja, 50%. Assim, em cada 100 indivíduos seguidos, 50 desenvolveram a doença.

$$\text{Inc Cum} = \frac{\text{N novos casos de doença em } t_n - t_0}{\text{N inds em risco de desenvolver doença em } t_0} \times 10^n$$

$$= \frac{\text{5 novos casos}}{\text{N inds em risco de desenvolver doença em } t_0} \times 10^n = \frac{\text{5 novos casos}}{\text{10 indivíduos em risco}} \times 10^2$$

$$= 0,5 \times 10^2 = 50\%$$

Cálculo e interpretação da taxa de incidência

A **taxa de incidência** (também conhecida por taxa de intensidade) é uma medida da velocidade a que os novos casos de doença ocorrem numa determinada população em risco[96], particularmente adequada em populações abertas, isto é, onde entram (t_0) e saem (t_s) indivíduos da coorte de seguimento. Assim, a taxa de incidência diz respeito aos novos casos de doença que ocorrem num determinado período de tempo de observação (pessoas-tempo de observação).

Quando calculamos a taxa de incidência (Fórmula 3), ao contrário do que acontece quando calculamos a incidência cumulativa, usamos, como denominador, o somatório do tempo que cada indivíduo da população em observação passou em risco de desenvolver a doença. Desta forma, cada indivíduo, independentemente de ser um novo caso de doença ou de se ter mantido saudável durante o período de seguimento ou, ainda, de ter morrido por outra causa que não a doença em estudo, contribui para o denominador com o tempo que passou livre de doença (ou em risco de doença).

FÓRMULA 3 – Taxa de incidência

$$\text{Tx Inc} = \frac{\text{N de novos casos no período de seguimento}}{\text{Tempo gasto pela população em risco}} = \frac{\text{N de novos casos no período de seguimento}}{\sum_{i}^{n}(t_s - t_0)}$$

em que t_s representa o momento em que o indivíduo ficou doente ou saíu do seguimento

A taxa de incidência tem subjacente a noção de tempo, através da contagem do tempo em risco, sendo que este pode ser apresentado em horas, dias, semanas ou anos, dependendo do tipo de doença. Se nos reportarmos ao caso da gripe, o tempo de observação será em dias dado que entre o contacto com o agente infecioso e o desenvolvimento dos primeiros sintomas clínicos decorrem, em média, 1 a 7 dias. Já no caso de doenças neoplásicas, a unidade de tempo são, habitualmente, anos.

A taxa de incidência pode assumir valores teóricos entre zero e mais infinito o que, juntamente com o facto de entrar em linha de contra com o tempo que cada pessoa passa em risco de desenvolver a doença, torna difícil a sua interpretação, como discutiremos um pouco mais adiante.

[96] Porta, Miquel and others, p. 145.

Para compreendermos melhor a taxa de incidência, ou incidência pessoas-tempo, vamos usar como exemplo os dados obtidos a partir do estudo de coorte que utilizámos no cálculo da incidência cumulativa (Figura 9).

Durante os 10 anos de seguimento, e de acordo com a Figura 9 podemos verificar que 5 indivíduos adoeceram – o indivíduo A, B, C, F e J.

Figura 9 – Esquematização de dados de um estudo de coorte

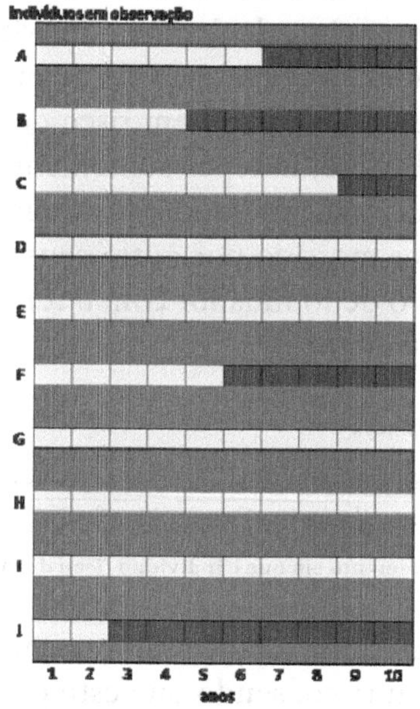

O indivíduo A, por exemplo, esteve 6 anos sem doença, tendo adoecido no final desses 6 anos. Assim, o indivíduo A teve 6 anos em risco de desenvolver a doença. Já o indivíduo D nunca desenvolveu a doença pelo que, ao todo, esteve 10 anos em risco de desenvolver a doença. O tempo passado sem doença, ou seja, em risco de a desenvolver é o que integrará o denominador para o cálculo da taxa de incidência.

Assim, e aplicando a Fórmula 3, temos, no numerador, 5 novos casos de doença nos 10 anos de seguimento do estudo. No denominador temos o somatório do tempo que cada indivíduo passou em risco de desenvolver a doença, ou seja, sem estar doente. Neste caso, este tempo corresponde aos quadrados brancos.

Temos, assim, no denominador 6 anos livre de doença para o indivíduo A, 4 para o B, 8 para o C e assim por diante.

$$Tx\ Inc = \frac{N\ de\ novos\ casos\ no\ período\ de\ seguimento}{Tempo\ gasto\ pela\ população\ em\ risco} = \frac{N\ de\ novos\ casos\ no\ período\ de\ seguimento}{\sum_i^n (t_s - t_0)} =$$

$$= \frac{5\ novos\ casos}{6+4+8+10+10+5+10+10+10+2\ pessoas/ano\ seguimento} =$$

$$\frac{5\ novos\ casos}{75\ pessoas/\ ano\ seguimento} = 0{,}07\ pessoas\ /\ ano\ seguimento$$

A taxa de incidência de doença é, então, 0,07 pessoas-ano de seguimento.

A interpretação da taxa de incidência não é direta ou clara, contrariamente ao que acontece na interpretação da incidência cumulativa. É difícil de perceber se o valor é elevado ou baixo ou qual é, de facto, o risco da doença ocorrer. Do ponto de vista da saúde pública, a taxa de incidência é útil como medida da velocidade a que surgem os novos casos de doença. Assim, quanto maior for o valor da taxa de incidência maior a velocidade a que ocorrem novos casos de doença. Ainda assim, este conceito é difícil de compreender e a taxa de incidência como a que apresentamos aqui é utilizada por comparação com outras taxas noutros períodos ou de forma relativa como acontece no cálculo do risco relativo, como abordaremos atempadamente.

Diferença entre taxa de incidência e incidência cumulativa

No decorrer de uma investigação epidemiológica, nomeadamente de um estudo de coorte ou de um ensaio clínico onde podemos calcular medidas de incidência, por vezes, podemos escolher entre a taxa de incidência ou a incidência cumulativa.

A taxa de incidência e a incidência cumulativa são ambas medidas de incidência e, como tal, implicam que se conheçam os novos casos de doença, a população em risco e o tempo de observação. No entanto, enquanto a taxa de incidência se refere à "contagem" de novos casos de doença ao longo de um período de tempo, medido com frequência (por exemplo, de ano a ano), a incidência cumulativa refere-se aos novos casos que se acumulam no tempo ou à proporção de novos casos num cúmulo de tempo (daí que o termo proporção de incidência seja usado como sinónimo de incidência cumulativa).

No cálculo da incidência cumulativa usa-se, como denominador, o número de indivíduos em risco de desenvolver a doença no início do período de seguimento (ou do período para a qual a queremos calcular). Assim, ainda que o numerador varie, o denominador mantém-se constante na incidência cumulativa não sendo sensível a perdas do seguimento (e.g., por saída dos indivíduos da coorte) ou a entradas de novos indivíduos para a coorte ou seguimento.

Suponhamos que temos 5 novos casos de uma doença numa população de 100 indivíduos seguidos. A incidência cumulativa neste caso será de 5%, ou seja, em cada 100 indivíduos em risco de desenvolver a doença, 5 ficaram doentes no período de tempo em estudo. Suponhamos, agora, que começávamos o seguimento com os mesmos 100 indivíduos, que ocorriam os mesmos 5 casos novos de doença, mas que, no período de seguimento, 10 indivíduos tinham abandonado esse mesmo seguimento. A incidência cumulativa continuaria a ser 5/100 ou 5%. No entanto, porque houve perdas do seguimento, este valor é subestimado já que, na realidade, não tivemos 100 indivíduos em seguimento o tempo todo, mas sim 90 indivíduos (5/90= 5,5%). Imaginemos, ainda, que aos 100 indivíduos inicialmente em seguimento se juntavam mais 20. Também neste caso a incidência cumulativa não variaria. Continuaríamos a ter uma incidência cumulativa de 5%, valor sobrestimado porque, na realidade, tivemos a maior parte do tempo 120 indivíduos em seguimento (5/120 = 4,2%).

A taxa de incidência, ao contrário da incidência cumulativa, é sensível às perdas (ou saídas) e entradas no seguimento, revelando-se, assim, como uma medida mais precisa pois consideramos, no denominador, o tempo que cada indivíduo em seguimento passou em risco de desenvolver a doença. Desta forma, se um indivíduo abandonar o seguimento, podemos sempre contabilizar o tempo que este esteve livre de doença até ao abandono. Da mesma forma, se um novo indivíduo entrar para o seguimento, contabilizaremos o tempo que, posteriormente à sua entrada, se manteve em risco.

Assim, a incidência cumulativa deve ser calculada preferencialmente em populações fechadas (e.g., coortes de estudos de coorte ou de ensaios clínicos) uma vez que as populações naturais são frequentemente populações abertas.

Relação entre taxa de incidência e incidência cumulativa

A incidência cumulativa pode ser calculada a partir da taxa de incidência quando 1) a doença é rara; 2) quando a doença ocorre de forma uniforme ao longo do tempo, i.e., não existe sazonalidade; e 3) quando a taxa de incidência é constante.

Quando a doença é rara (habitualmente com uma incidência cumulativa inferior a 0,05), a incidência cumulativa anual tende a ser igual à taxa de incidência. Vejamos o exemplo apresentado por Gerstman[97].

Numa população de 100 indivíduos, 1 indivíduo fica doente a meio do ano. A incidência cumulativa é de 0,01, de acordo com a Fórmula 2 (página 73). De acordo com a Fórmula 3 (página 75) temos que a taxa de incidência será, também de 0,01:

$$\text{Tx Inc} = \frac{1\ caso}{\left(1\ x\ \frac{1}{2}\ ano + 99\ x\ 1\ ano\right)} = 0{,}010050\ casos/ano \cong 0{,}01$$

Consideremos, agora, uma população de 100 indivíduos onde, a meio do ano, 50 adoecem. Temos que a incidência cumulativa será de 0,5. Já a taxa de incidência será:

$$\text{Tx Inc} = \frac{1\ caso}{\left(50\ x\ \frac{1}{2}\ ano + 50\ x\ 1\ ano\right)} = 0{,}67\ casos/ano$$

Neste caso, a incidência cumulativa e a taxa de incidência são bastante diferentes.

Assim, quando a doença é rara, podemos afirmar que a incidência cumulativa é igual à taxa de incidência a multiplicar pela duração do seguimento (Δt) (Fórmula 4).

FÓRMULA 4 – Relação entre incidência cumulativa e taxa de incidência

$$\boldsymbol{Inc\ Cum = Tx\ Inc\ x\ \Delta t}$$

[97] Gerstman, Burt, *Epidemiology Kept Simple: An Introduction to Classic and Modern Epidemiology*, 2nd edition (Willey-Liss, Inc), p. 132.

Um estudo realizado no Zimbabwe sobre a diminuição da infeção pelo HIV devido a alterações comportamentais[98] revelou uma prevalência de infeção de 1,4% em mulheres com idades entre os 15 e os 17 anos de idade. Num período de seguimento de 3 anos, a taxa de incidência de infeções por HIV neste grupo etário foi de 1,29 novas infeções/100 pessoas-ano. De acordo com a Fórmula 4, a incidência cumulativa nos 3 anos do estudo terá sido de 3,87.

$$Inc\ Cum = 1{,}29\ x\ 3 = 3{,}87$$

De acordo com dados do mesmo estudo, a taxa de incidência de 1,29 novos casos / 100 pessoas ano, refere-se à ocorrência de 13 novos casos em 1008,6 pessoas-ano de seguimento nos três anos do estudo. Ainda de acordo com o mesmo estudo, estavam em seguimento, nesse grupo etário, 755 mulheres sendo que terminaram o seguimento 47,4%, ou seja, 360 mulheres. Calculando a incidência cumulativa a partir destes dados, obtemos o valor 3,61, valor relativamente próximo do calculado a partir da taxa de incidência.

[98] Vide table S4 do supporting online material, S. Gregson, 'HIV Decline Associated with Behavior Change in Eastern Zimbabwe', *Science*, 311.5761 (2006), 664–66 <https://doi.org/10.1126/science.1121054>.

Medidas de associação, risco e comparação

Medidas relativas de comparação de doença

Frequentemente, em epidemiologia, comparamos dois grupos – o dos doentes com o dos não doentes, o dos expostos com os não expostos. Estas comparações têm como objetivo perceber se existem associações ou diferenças entre uma determinada característica (fator/ exposição) e um estado de doença. A comparação entre dois grupos pode tomar diferentes formas conforme representado no Quadro 6.

Quadro 6 – Representação num quadro de dupla entrada da associação entre a presença de um fator ou exposição e uma doença

Factor	Resultado		Total
	Doente	Não doente	
Sim	a	b	a + b
Não	c	d	c + d
	a + c	b + d	a + b + c + d

Legenda: a – indivíduos com o fator e a doença; b – indivíduos com o fator e sem a doença; c – indivíduos sem o fator e com a doença; d – indivíduos sem o fator e sem a doença; a + b – todos os indivíduos com o fator; c + d – todos os indivíduos sem o fator; a + c – todos os indivíduos doentes; b + d – todos os indivíduos não doentes

Podemos comparar os dois grupos através do cálculo da diferença de proporções, por exemplo, de indivíduos doentes que têm e não têm o fator, ou seja:

$$Diferença\ de\ proporções = \frac{a}{a+b} - \frac{c}{c+d}$$

Por outro lado, podemos, também, calcular a razão entre as proporções (também conhecida como razão de riscos):

$$Razão\ de\ risco = \frac{\frac{a}{a+b}}{\frac{c}{c+d}}$$

Ou podemos, ainda, calcular o odds ratio ou razão das possibilidades cruzadas, dada pela razão entre o rácio de indivíduos com e sem o fator nos doentes e nos não doentes:

$$Odds\ ratio = \frac{a/c}{b/d}$$

No primeiro caso, estamos a fazer uma comparação absoluta entre os dois grupos, nos dois últimos casos, estamos a usar medidas relativas de comparação de doença. Iremos, de seguida, explicar como calcular e interpretar estas medidas.

Odds Ratio

O odds ratio (OR), razão dos produtos cruzados, razão dos cruzados ou razão de possibilidades cruzadas é uma medida cuja utilização é cada vez mais frequente em epidemiologia. Permite estimar a relação entre duas variáveis binárias[99] e, através da regressão logística, por exemplo, estimar os efeitos de outras variáveis nessa relação. O OR é a medida de risco utilizada nos estudos de caso-controlo, podendo também ser calculada nos estudos transversais. No entanto, quando calculado nos estudos transversais, o OR não deve ser considerado uma medida de risco mas, sim, de associação (ver *Odds ratio como medida de associação*, página 87) e a sua interpretação deve de ser cautelosa como explicaremos um pouco mais à frente.

O odds, sem tradução direta para português, é a chance (ou possibilidade) de ocorrência de um evento em função do outro. Em epidemio-

[99] Altman.

logia, podemos traduzir esta ideia como a chance de ser exposto ou de ser doente para a chance de não ser exposto ou não estar doente, respetivamente.

Assim, o OR permite-nos estimar a chance de um evento entre dois grupos (por exemplo, a chance de exposição nos casos e nos controlos de um estudo de caso-controlo). Para fazê-lo calculamos a razão do número de vezes que um evento de interesse ocorre para o número de vezes em que não ocorre.

Por exemplo, a chance de, ao lançarmos um dado, sair 6 é de 1 para 5, ou seja, sair uma vez o número 6 para a chance de não sair o 6, ou seja, sair o 1, o 2, o 3, o 4 ou o 5. Repare-se que se estivéssemos a falar de uma probabilidade diríamos que é de 1/6, a probabilidade de sair uma vez o 6 de entre todos os números (1, 2, 3, 4, 5 e 6).

Assim, o odds ratio pode ser calculado de acordo com a seguinte equação em que P é a chance de ocorrer o evento e 1- P a chance de não ocorrer esse evento.

Fórmula 5 – Equação para cálculo do OR

$$OR = \frac{P}{1-P} = \frac{P\ (do\ evento\ ocorrer)}{P\ (do\ evento\ não\ ocorrer)}$$

O odds ratio é calculado no caso de variáveis binárias (e.g., sim/ não, exposto/ não exposto, doente/ não doente). Atentemos, agora, no Quadro 7:

Quadro 7 – Representação num quadro de dupla entrada da associação entre a presença de um fator ou exposição e uma doença

Factor	Resultado		Total
	Doente	Não doente	
Sim	a	b	a + b
Não	c	d	c + d
	a + c	b + d	a + b + c + d

Legenda: a – indivíduos com o fator e a doença; b – indivíduos com o fator e sem a doença; c – indivíduos sem o fator e com a doença; d – indivíduos sem o fator e sem a doença; a + b – todos os indivíduos com o fator; c + d – todos os indivíduos sem o fator; a + c – todos os indivíduos doentes; b + d – todos os indivíduos não doentes

Vamos supor que queremos calcular o odds ratio de exposição, ou seja, de ter a chance de ter o fator dada a condição de doente para não doente. O odds ratio de exposição é dado pela razão entre a chance de ser doente com o fator para a de ser doente sem o fator (a/c) e a chance de não ser doente com o fator para a de não ser doente sem o fator (b/d). Daqui resulta, então, que o OR é:

Fórmula 6 – Cálculo do OR

$$\textbf{\textit{Odds ratio}} = \frac{a/c}{b/d} = \frac{a \times d}{c \times b}$$

Atentemos, agora, num exemplo. Realizou-se um estudo caso controlo com o objetivo de perceber se existia associação entre o consumo de uma droga ilícita e depressão. Para tal selecionaram-se 150 adultos com depressão que eram seguidos nas consultas de psiquiatria de um centro hospitalar. Como controlos selecionaram-se indivíduos sem depressão, utentes de um centro de saúde. Casos e controlos foram emparelhados para a idade e para o sexo.

Aplicou-se um questionário aos dois grupos com o intuito de identificar o consumo da droga ilícita e quantificar esse consumo. Neste exemplo, a exposição diz respeito ao consumo da droga ilícita e a doença à depressão. Os dados obtidos no estudo encontram-se resumidos no Quadro 8.

Quadro 8 – Consumo de drogas ilícitas e depressão

	Doente (c/ depressão)	**Não doente** (s/depressão)	
Exposto (com consumo)	100	50	150
Não exposto (sem consumo)	50	100	150
	150	150	

Nos estudos de caso-controlo, pelo seu desenho, tendemos a calcular o odds ratio de exposição, embora, por ser matematicamente idêntico ao de doença (como explicaremos posteriormente), acabemos por interpretar o OR de exposição como sendo de doença. Calculemos o odds ratio de exposição:

$$OR\ (exposição) = \frac{doentes\ expostos\Big/_{doentes\ não\ expostos}}{Não\ doentes\ expostos\Big/_{não\ doentes\ não\ expostos}} = \frac{100\!\!\!\big/_{50}}{50\!\!\!\big/_{100}} = \frac{10000}{2500} = 4$$

O odds ratio é, então, 4 o que significa que a chance ou a possibilidade de exposição entre os indivíduos doentes é 4 vezes superior à dos indivíduos não doentes. Aplicando especificamente ao nosso exemplo, temos que os indivíduos com depressão têm uma chance 4 vezes superior de terem consumido a droga ilícita em estudo do que os indivíduos que não têm depressão.

O odds ratio pode assumir os seguintes intervalos de valores:

- **OR<1** – a razão de expostos para não expostos entre os doentes é inferior à razão de expostos para não expostos entre os não doentes. Daqui se depreende que tende a existir menos doença entre os expostos quando comparados com os não expostos. Desta forma, a exposição "protege" para a doença. Diz-se, então, que existe menos chance de doença entre os expostos quando comparados com os expostos;
- **OR=1** – a razão de expostos para não expostos entre doentes e não doentes é igual, ou seja, não existe qualquer diferença na carga de doença entre expostos e não expostos pelo que se diz não existir associação entre a exposição e a doença;
- **OR>1** – a razão de expostos para não expostos entre os doentes é superior à razão de expostos para não expostos entre os não doentes. Assim, tende a existir mais doença entre os expostos do que entre os não expostos. Diz-se, assim, que existe mais chance de doença entre os expostos quando comparados com os não expostos.

Odds ratio de exposição e odds ratio de doença

Nos estudos caso-controlo, que se iniciam com a identificação dos indivíduos doentes (casos) e não doentes (controlos), em termos teóricos, é mais correto falarmos de odds ratio de exposição. No seu desenho clássico, a medição da exposição é posterior à da doença o que faz com que seja um estudo retrospetivo, pelo que procuramos a chance de exposição entre doentes e não doentes e não o contrário.

No entanto, é muito frequente, o odds ratio de exposição ser interpretado como a chance de doença, independentemente da forma como é calculado. Nestes casos, em termos teóricos, falamos de odds ratio de doença, em vez do odds ratio de exposição.

Retomemos o quadro sobre a associação entre a presença de um fator (exposição) e a doença (Quadro 9).

Quadro 9 – Representação num quadro de dupla entrada da associação entre a presença de um fator ou exposição e uma doença

Factor	Resultado		Total
	Doente	Não doente	
Sim	a	b	a + b
Não	c	d	c + d
	a + c	b + d	a + b + c + d

Legenda: a – indivíduos com o factor e a doença; b – indivíduos com o factor e sem a doença; c – indivíduos sem o factor e com a doença; d – indivíduos sem o factor e sem a doença; a + b – todos os indivíduos com o factor; c + d – todos os indivíduos sem o factor; a + c – todos os indivíduos doentes; b + d – todos os indivíduos não doentes

Sabendo que o odds ratio de exposição é dado por:

$$OR\ (exposição) = \frac{doentes\ expostos / doentes\ não\ expostos}{não\ doentes\ expostos / não\ doentes\ não\ expostos} = \frac{a/c}{b/d} = \frac{a \times d}{c \times b}$$

E que o odds ratio de doença é dado por

$$OR\ (doença) = \frac{expostos\ doentes / expostos\ não\ doentes}{não\ doentes\ expostos / não\ doentes\ não\ expostos} = \frac{a/b}{c/d} = \frac{a \times d}{c \times b}$$

Temos que, matematicamente, o odds ratio de exposição e de doença são iguais. Assim, habitualmente, o odds ratio nos estudos caso-controlo é interpretado como a chance de doença entre os expostos. Do ponto de vista de comunicação da informação, e da finalidade da epidemiologia, interessa mais a comunicação da possibilidade de doença entre os expostos quando comparados com os não expostos que o contrário.

Odds ratio como medida de associação

O odds ratio, como referimos anteriormente, pode ser calculado nos estudos transversais, nos estudos de casos controlo e, ainda, nos estudos de coorte. No entanto, é necessário fazer algumas ressalvas.

Os estudos transversais implicam, sempre, medição de um evento num ponto teórico de tempo. É por isso que não temos uma linha temporal entre, por exemplo, a exposição ou fator causal e o desfecho ou efeito. E é também por isso que os estudos transversais não permitem demonstrar a orientação de temporalidade de Bradford Hill (ver capítulo sobre causalidade na página 93).

O odds ratio pode servir dois propósitos – transmitir a ideia do "risco" e/ou da força da associação entre a causa e o efeito. A utilização do odds ratio enquanto medida do risco de uma doença/ efeito face a uma exposição/ causa tem subjacente a medição, em tempos diferentes, da causa/ / exposição e da doença/ efeito. A medição, em tempos diferentes, da exposição e do efeito não ocorre nos estudos transversais.

Se considerarmos o exemplo apresentado no Quadro 8 na página 84 e se supusermos que os dados apresentados resultaram de um estudo transversal, temos que o valor do odds ratio é exatamente o mesmo daquele calculado anteriormente. No entanto, como resulta de um estudo transversal, não devemos utilizá-lo como uma medida de risco e concluir que os indivíduos que consumiram a substância ilícita têm uma chance 4 vezes superior de desenvolver depressão. Devemos, antes, concluir apenas que o consumo da substância e a depressão estão associados. Ou seja, neste caso, o odds ratio é usado e interpretado apenas como uma medida de associação, dada a natureza do estudo. Dizemos, assim, que causa e efeito estão positivamente associados quando o odds ratio assume valores superiores a 1, sendo que, em termos absolutos[100], a associação será mais forte quanto maior quanto mais o valor se afastar de 1. Por outro lado, se o odds ratio for igual à unidade, concluímos que não existe associação entre a causa e o efeito. Se for inferior a 1 referimos que causa e efeito estão negativamente associados sendo que a força de associação será tanto maior quanto mais se afastar da unidade.

[100] O valor do odds ratio depende de vários fatores entre os quais se encontra, por exemplo, a dimensão da amostra. Assim, embora um valor de odds ratio maior, signifique, à partida, uma força de associação maior, há que conhecer o desenho geral do estudo para concluir que é realmente esse o caso.

Odds ratio bruto e odds ratio ajustado

É frequente depararmo-nos com os termos odds ratio bruto (ou *crude*) e odds ratio ajustado (ou *adjusted*). O odds ratio bruto é aquele que obtemos a partir do cruzamento de duas variáveis como as apresentadas no Quadro 9 da página 86. Já o odds ratio ajustado, resulta de análises mais complexas em que, utilizando técnicas estatísticas avançadas, como é o caso da regressão logística, analisamos a associação entre duas variáveis (causa/ exposição e efeito/ doença) tendo em consideração o eventual efeito de terceiras variáveis, ditas de confundimento. Assim, o odds ratio ajustado permite-nos perceber se a associação entre as variáveis de causa e de efeito se mantém quando controlamos (ou seja, tornamos constantes) as outras variáveis (e.g., idade ou sexo).

Risco relativo e razão de riscos

A razão de riscos e o risco relativo são medidas muito semelhantes, diferindo, apenas, na medida de incidência que usamos para as calcular: no primeiro caso, usamos a incidência cumulativa enquanto que no segundo caso usamos a taxa de incidência. No entanto, em ambos os casos estamos a contabilizar a grandeza da diferença entre a incidência de novos casos nos expostos e nos não expostos.

Razão de riscos

A razão de riscos é uma razão (divisão) entre riscos – a incidência cumulativa nos expostos (que nos dá o risco indireto[101] de doença nos expostos) e a incidência cumulativa nos não expostos (que nos dá o risco indireto de doença nos não expostos)[102]. Tendo em consideração o Quadro 10, temos então que a razão de riscos nos é dada por:

FÓRMULA 7 – Razão de riscos

$$\textit{Razão de riscos} = \frac{\textit{Inc Cum expostos}}{\textit{Inc cum não expostos}} = \frac{a/(a+c)}{b/(b+d)}$$

[101] Ver Cálculo e interpretação da incidência cumulativa na página 62.

[102] Denomina-se razão de riscos porque se faz uma razão entre dois riscos (indiretos – incidência cumulativa) de doença.

Quadro 10 – Representação dos resultados de um estudo de coorte prospetivo

	Exposto	Não exposto	
Doente	a	b	a + b
Não doente	c	d	c + d
	a + c	b + d	

A razão de riscos dá-nos a direção e a força de uma associação. Em termos de direção de uma associação podemos observar três situações:

a) a razão de riscos é inferior a 1;
b) a razão de riscos é igual a 1 ou;
c) a razão de riscos é superior a 1. Se a razão de riscos é inferior a 1 dizemos que a associação é negativa. Se for igual a 1 dizemos não existir associação e se for superior a 1 dizemos que a associação é positiva.

Assim, no primeiro caso (RR<1) a presença da causa ou exposição diminui a probabilidade de ocorrência do efeito ou da doença, pelo que falamos em fator protetor. No caso em que RR>1 dizemos que a presença do fator aumenta o risco de doença pelo que, neste caso, falamos de um fator de risco.

Adicionalmente, a razão de riscos quantifica a força de associação entre uma exposição (causa) e uma doença (efeito), ou seja, a razão de riscos é um multiplicador relativamente ao risco de *baseline* (o dos não expostos). Assim, uma razão de riscos de 5 indica-nos que os indivíduos expostos têm 5 vezes maior probabilidade de doença que os indivíduos não expostos.

Atentemos, agora, num exemplo concreto. Num estudo de coorte sobre os efeitos da exposição aos asbestos e o desenvolvimento de neoplasia da árvore traqueobrônquica, verificou-se que a incidência cumulativa de neoplasia da árvore traqueobrônquica era de 0,02 entre os indivíduos expostos aos asbestos e de 0,001 nos indivíduos não expostos aos asbestos. Usando a Fórmula 7 temos que

$$Razão\ de\ riscos = \frac{Inc\ Cum\ expostos}{Inc\ cum\ não\ expostos} = \frac{0{,}02}{0{,}001} = 20$$

a razão de riscos é vinte, ou seja, os indivíduos expostos aos asbestos têm vinte vezes maior probabilidade de neoplasia da árvore traqueobrônquica quando comparados com os indivíduos não expostos.

Odds ratio e razão de riscos

Num estudo caso-controlo, habitualmente retrospetivo, em que os sujeitos são escolhidos pela sua condição de doentes/não doentes ou com o efeito/sem o efeito, não podemos calcular o risco de doença ou do efeito, diretamente. No entanto, é muito frequente usar estudos de caso-controlo para estudar eventos (doença) raros. Se a doença em estudo for rara, o número de indivíduos doentes entre os expostos (a) é tão pequeno que $a + c \cong c$, logo $a/((a + c) \cong a/c)$. Também no caso dos indivíduos não expostos, os casos de doença serão tão poucos que $b + d \cong d$, logo $b/((b + d) \cong b/d)$. De acordo com a Fórmula 7 temos que:

$$Razão\ de\ riscos \cong \frac{a/_c}{b/_d} \cong \frac{a \times d}{c \times b} \cong OR$$

Assim, nos estudos de caso controlo de eventos raros, o odds ratio é uma boa aproximação à razão de riscos[103].

Risco Relativo

Como mencionámos anteriormente, o risco relativo calcula-se utilizando como medida de incidência as taxas de incidência nos expostos e nos não expostos permitindo uma comparação das mesmas. O risco relativo é dado por:

FÓRMULA 8 – Risco relativo

$$\boldsymbol{Risco\ relativo = \frac{Tx\ incidência\ nos\ expostos}{Tx\ de\ incidência\ nos\ não\ expostos}}$$

[103] Vide Altman, p. 268.

Suponhamos que a taxa de incidência de efeitos adversos no grupo de tratamento (expostos) é de 5 novos casos por 100 000 pessoas/ano de seguimento e que a taxa de incidência de efeitos adversos no grupo de controlo (não expostos) é de 1 novo caso por 100 000 pessoas/ano de seguimento. Aplicando a Fórmula 8 temos que:

$$Risco\ relativo = \frac{Tx\ incidência\ nos\ expostos}{Tx\ de\ incidência\ nos\ não\ expostos} = \frac{5\ por\ 100\ 000\ pessoas\ ano.seguimento^{-1}}{1\ por\ 100\ 000\ pessoas\ ano.seguimento^{-1}} = 5$$

O risco relativo é 5, ou seja, os indivíduos sujeitos ao tratamento têm cinco vezes maior probabilidade de terem efeitos adversos do que os indivíduos no grupo de controlo.

A interpretação do risco relativo é igual à da razão de riscos. Assim, o valor do risco relativo, é interpretado como fator protetor se for inferior à unidade; fator de risco se for superior à unidade; ou como não existindo associação entre a causa/exposição e o efeito/ doença se igual à unidade.

Relação entre razão de riscos e risco relativo

Como foi abordado no capítulo de medidas de ocorrência, quando a doença é rara e ocorre de forma uniforme ao longo do tempo e de modo constante, podemos calcular a incidência cumulativa a partir da taxa de incidência, multiplicando-a pela duração do seguimento.

Utilizando o mesmo raciocínio, podemos calcular a razão de riscos a partir do risco relativo e vice-versa. Tendo em conta que

$$Inc\ Cum = Tx\ Inc\ x\ \Delta t$$

e que o risco relativo é dado por

$$Risco\ relativo = \frac{Tx\ incidência\ nos\ expostos}{Tx\ de\ incidência\ nos\ não\ expostos}$$

temos que a razão de riscos é aproximadamente igual ao risco relativo a multiplicar pela duração da observação/ seguimento (Δt)[104]:

[104] Vide Gerstman, Burt, Epidemiology Kept Simple: An Introduction to Classic and Modern Epidemiology, 2nd edition (Willey-Liss, Inc), p. 161.

Fórmula 9 – Relação entre razão de risco e risco relativo

$$Razão\ de\ Riscos = \frac{Tx\ Inc\ Exp\ x\ \Delta t}{Tx\ Inc\ Não\ Exp\ x\ \Delta t} \cong risco\ relativo\ x\ \Delta t$$

Diferença de riscos (*risk difference*) e diferença de taxas (*rate difference*)

A diferença de riscos e a diferença de taxas são medidas idênticas na sua interpretação diferindo apenas nas medidas de incidência utilizadas no seu cálculo. Ambas medem o excesso ou défice de incidência nos expostos comparativamente aos não expostos. No caso da diferença de riscos, usamos a incidência cumulativa. Já no cálculo da diferença de taxas usamos a taxa de incidência.

A diferença de riscos diz respeito à diferença entre a incidência cumulativa nos expostos e a incidência cumulativa nos não expostos (Fórmula 10).

Fórmula 10 – Diferença de riscos

$$Diferença\ de\ riscos = Inc\ Cum\ Exp - Inc\ Cum\ Não\ Exp$$

Suponhamos que a incidência cumulativa da doença A nos indivíduos expostos é de 0,3 ou 30% e que nos indivíduos não expostos é de 0,2 ou 20%. A diferença de riscos é, então, de 0,1 ou 10%. Podemos assim dizer que existe um excesso de incidência cumulativa de 0,1 ou de 10% nos expostos comparativamente aos não expostos.

A diferença de taxas é dada pela diferença entre a taxa de incidência nos expostos e a taxa de incidência nos não expostos (Fórmula 11).

Fórmula 11 – Diferença de taxas

$$Diferença\ de\ taxas = Tx\ Inc\ Exp - Tx\ Inc\ Não\ Exp$$

Consideremos que a taxa de incidência de doença nos expostos é de 23 novos casos por 10 000 pessoas-ano de seguimento e nos não expostos de 11 novos casos por 10 000 pessoas-ano de seguimento. A diferença de taxas é de 12 novos casos por 10 000 pessoas-ano de seguimento, ou seja, os expostos têm um excesso de incidência de doença quando comparados com os não expostos de 12 novos casos por 10 000 pessoas-ano de seguimento.

Na prática, podemos afirmar que há mais doença nos expostos comparativamente aos não expostos, quer no exemplo apresentado pela diferença de riscos quer no apresentado pela diferença de taxas.

Fração atribuível

A fração atribuível é uma medida de impacto que permite ter uma ideia da influência de uma determinada exposição ou de causa na ocorrência (incidência) de doença. De um modo geral, indica a proporção de doença que seria reduzida numa população se a exposição fosse eliminada (fração atribuível populacional) ou a proporção de doença nos expostos que se deve à exposição. Existem vários tipos de fração atribuível: a fração atribuível populacional e a fração atribuível nos expostos. Para calcular qualquer uma das duas podemos usar ou a incidência cumulativa ou a taxa de incidência.

A **fração atribuível populacional** é dada por:

Fórmula 12 – Fração atribuível populacional

$$FA_p = \frac{I_p - I_{ne}}{I_p}$$

Em que I_p é a incidência (cumulativa ou taxa) na população e I_{ne} a incidência (cumulativa ou taxa) nos não expostos.

Suponhamos que a incidência de uma doença numa população é de 5,4 novos casos por 10 000 pessoas-ano e que no grupo dos não expostos é de 4,1 novos casos por 10 000 pessoas-ano. A fração atribuível populacional é então:

$$FA_p = \frac{I_p - I_{ne}}{I_p} = \frac{5{,}4 - 4{,}1}{5{,}4} = 0{,}241\ x\ 100 = 24{,}1\%$$

Assim, podemos afirmar que se poderiam evitar 24,1% dos novos casos de doença na população estudada se se removesse a exposição.

Esta medida é bastante importante no contexto da tomada de decisão em saúde já que permite quantificar o impacto de uma intervenção ou programa em saúde, por exemplo.

A fração atribuível populacional depende da prevalência da exposição na população (p_e) e da força de associação entre a exposição e doença:

$$FA_p = \frac{(p_e)\left(\frac{Inc\ cum\ Exp}{Inc\ Cum\ Não\ Exp} - 1\right)}{1 + (p_e)\left(\frac{Inc\ cum\ Exp}{Inc\ Cum\ Não\ Exp} - 1\right)} = \frac{(p_e)(Razão\ de\ riscos - 1)}{1 + (p_e)(Razão\ de\ Riscos - 1)} = \frac{(p_e)(RR - 1)}{1 + (p_e)(RR - 1)}$$

Se a prevalência de exposição diminuir, a fração atribuível populacional tenderá, também, a diminuir[105].

A **fração atribuível nos expostos** é dada por:

Fórmula 13 – Fração atribuível nos expostos

$$FA_e = \frac{I_e - I_{ne}}{I_e}$$

Em que I_e é a incidência (cumulativa ou taxa) nos expostos e I_{ne} a incidência (cumulativa ou taxa) nos não expostos.

Supondo que a incidência de uma doença no grupo dos expostos é de 5,6 novos casos por 100 000 pessoas-ano e que a incidência nos indivíduos não expostos é de 4,8 novos casos por 10 000 pessoas-ano, temos que a fração atribuível nos expostos será:

$$FA_e = \frac{I_e - I_{ne}}{I_e} = \frac{5{,}6 - 4{,}8}{5{,}6} = 0{,}143 = 14{,}3\%$$

Desta forma, seria de esperar uma redução de 14,3% na incidência de doença entre os expostos se a exposição fosse eliminada.

A fração atribuível nos expostos também pode ser calculada utilizando o razão de riscos ou o risco relativo como se demonstra de seguida. Neste casos usamos a razão de risco:

$$FA_e = \frac{RR - 1}{RR} = \frac{\frac{Inc\ Cum\ Exp}{Inc\ Cum\ Não\ Exp} - 1}{\frac{Inc\ Cum\ Exp}{Inc\ Cum\ Não\ Exp}} = \frac{\frac{Inc\ Cum\ Exp}{Inc\ Cum\ Não\ Exp} - \frac{Inc\ Cum\ Não\ Exp}{Inc\ Cum\ Não\ Exp}}{\frac{Inc\ Cum\ Exp}{Inc\ Cum\ Não\ Exp}} = \frac{Inc\ Cum\ Exp - Inc\ Cum\ Não\ Exp}{Inc\ Cum\ Exp}$$

105 Vide Gerstman, Burt, *Epidemiology Kept Simple: An Introduction to Classic and Modern Epidemiology*, 2nd edition (Willey-Liss, Inc), p. 167.

Causalidade em epidemiologia

Da associação estatística à causa

O estudo de uma eventual relação de causa efeito inicia-se pela verificação da presença de uma associação/ relação estatística entre a variável causa e a variável efeito. Antes de abordar as questões epistemológicas da causalidade em epidemiologia vamos rever alguns aspetos importantes à sua discussão.

Nos estudos epidemiológicos é frequente encontrarmos associações estatisticamente significativas entre uma suposta causa e o seu suposto efeito. Quando tal acontece, habitualmente, significa que os indivíduos com determinada característica (efeito) têm mais ou menos doença (causa) quando comparados com aqueles que não possuem essa característica.

Na medição da associação, os epidemiologistas usam, com maior frequência, o risco relativo, a razão de riscos ou o odds ratio, medidas que indicam não só se existe associação mas, também, a força dessa associação. No entanto, existem outras medidas como, por exemplo, o coeficiente de Pearson ou a correlação entre grupos (*intraclass coeficient*) que são, também, usadas pelos epidemiologistas.

As medidas de associação podem ser calculadas com base em dados individuais ou agregados, como acontece nos estudos ecológicos. As calculadas com base em dados agregados, apesar de serem úteis, podem ser falaciosas e são pouco utilizadas na decisão de causalidade epidemiológica (vide Estudos ecológicos na página 50).

Após encontrarmos uma associação entre causa e efeito, ou exposição e doença, a partir de dados individuais, devemos tentar responder às seguintes questões:

- A associação observada deve-se ao acaso?
- A associação observada resulta de erros sistemáticos ocorridos durante a medição ou estudo?
- A associação observada resulta de confundimentos?
- A associação mantém-se em todos os subgrupos ou varia de acordo com alguma característica?
- A quem se aplica a associação?
- A associação representa uma relação de causa efeito?

Acaso

O acaso desempenha um papel importante nos estudos epidemiológicos. Por exemplo, quanto menor for o número de sujeitos em estudo, maior a probabilidade de os resultados serem influenciados pelo acaso.

Na análise dos dados resultantes de estudos epidemiológicos, usamos, com frequência, testes de significância estatística para calcular a probabilidade dos resultados obtidos se deverem ao acaso. Para tal devemos de nos certificar que os testes escolhidos são os mais adequados, uma vez que os softwares estatísticos apenas executam as ordens do utilizador de forma acrítica, não sendo capazes de discernir sobre a adequação dos testes à natureza dos dados.

Em epidemiologia, para além dos valores absolutos dos testes estatísticos, analisamos, igualmente, outros parâmetros como o valor da prova (p) que, grosso modo, fornece informação acerca da probabilidade da associação verificada se dever ao acaso; ou o intervalo de confiança, principalmente associado a medidas de associação ou diferenças de medições.

Como temos vindo a referir, o facto de encontrarmos uma associação estatisticamente significativa não significa que essa associação seja clinicamente significativa ou que traduza uma associação causal – a significância estatística e a biológica são conceitos frequentemente discordantes.

Imaginemos que encontrarmos, num ensaio clínico controlado, aleatorizado, com dupla ocultação, sobre o efeito anti hipertensor do fármaco A em comparação com o fármaco B, uma diferença estatisticamente significativa nos valores de tensão arterial sistólica (vulgo "tensão máxima") de 10 mmHg. Apesar desta diferença ser estatisticamente significativa, não implica que seja, também, clinicamente significativa.

Análise de vieses

As associações estatísticas que não se devem ao acaso podem-se verificar apenas por resultarem de estudos enviesados ou por efeitos de confundimento. Os vieses são erros sistemáticos que se podem introduzir no estudo em qualquer fase e que influenciam a magnitude da associação. Criam falsos padrões e julgamentos por condicionarem diferenças que não existem ou por não permitirem detetar diferenças onde estas existem.

Existem vários tipos de vieses. Os mais frequentes e os respetivos efeitos encontram-se resumidos no Quadro 11.

Quadro 11 – Definição e alguns dos efeitos dos vieses mais frequentes[106]

Viés	Definição	Efeitos
Seleção	Erro devido a diferenças sistemáticas de (certas) características entre aqueles que foram selecionados para o estudo e os que não o foram[107]	Os vieses de seleção podem ter três tipos de influência num estudo: influenciar a validade externa e interna e modificar a hipótese. Os vieses de seleção influenciam a validade externa uma vez que os critérios de seleção dos participantes irão condicionar a natureza da população alvo. A validade externa é também influenciada pela taxa de participação uma vez que baixas taxas de participação podem pôr em causa a representatividade dos resultados. Os aspetos de seleção afetam a validade interna apenas se tiverem efeitos diferentes nos grupos em estudo. Relativamente ao efeito nas hipóteses a serem testadas, os vieses de seleção ocorrem se os critérios de seleção utilizados e as taxas de participação derivarem de hipóteses diferentes das iniciais.
Desempenho	Diferenças sistemáticas no tratamento prestado aos participantes do grupo de comparação para além da intervenção em estudo[108]	Os vieses de desempenho são dos mais importantes e devem-se à variação do sujeito relativamente à medição e à variação na resposta do observador. Assim, as diferenças encontradas podem dever-se apenas à expectativa que quer sujeitos quer observadores têm face a uma intervenção. Os vieses de desempenho podem também ocorrer quando há "contaminação" do grupo de controlo. Pode-se também verificar em casos de co-intervenção.

[106] Vide P Alderson, S Green, and J Higgins, 'Cochrane Reviewers' Handbook 4.2.3.' <http://www.cochrane.org/resources/handbook/hbook.htm>; Mark Elwood, *Critical Appraisal of Epidemiological Studies and Clinical Trials*, 2nd ed (New York: Oxford University Press, 1998); *A Dictionary of Epidemiology*, ed. by Porta, Miquel and others, 6th Edition (IEA, 2014).

[107] Porta, Miquel and others, p. 258.

[108] vide P Alderson, S Green, and J Higgins, 'Cochrane Reviewers' Handbook 4.2.3.', p. 52 <http://www.cochrane.org/resources/handbook/hbook.htm>.

Viés	Definição	Efeitos
Exclusão	Diferenças sistemáticas entre os grupos em comparação relativamente à perda de participantes no estudo[109]	São importantes os aspetos relacionados com o seguimento, nomeadamente os abandonos do estudo, uma vez que as características dos indivíduos que abandonaram o estudo podem explicar as diferenças entre o valor real e o observado.
Deteção	Diferenças devidas a erro de averiguação, diagnóstico ou verificação dos casos[110]	O relato seletivo dos resultados assim como o relato de falsos resultados contribuem para estudos com pouca inteligibilidade face ao problema em estudo.

A possibilidade de ocorrência de vieses deve ser sempre considerada na análise da validade interna dos estudos epidemiológicos e de uma eventual relação de causa efeito. Para tal, os métodos utilizados no desenho e execução do estudo devem ser analisados. No Quadro 12 descrevemos alguns vieses mais frequentes por tipo de estudo bem como as características do desenho desse estudo que se relacionam com o viés.

Quadro 12 – Tipo de estudo, vieses e características do desenho do estudo relacionadas com o viés

Tipo de estudo	Viés	Características do desenho relacionadas com o viés	
Estudo experimental	Seleção	*Concealing*[111]	Refere-se ao processo de ocultar aos responsáveis pelo recrutamento, até que a distribuição pelos grupos de intervenção e controlo esteja terminada, a qualidade de pertença do indivíduo (ao grupo de intervenção ou de controlo). Este procedimento permite eliminar os vieses pelo que o método para designar os participantes para grupo de intervenção ou de controlo deve ser robusto. A não descrição do método de *concealing* deve levar a supor que o processo de distribuição dos indivíduos por grupo de controlo/ intervenção é pouco claro.[112]
		Aleatorização	Distribuição aleatória dos participantes pelas categorias de exposição/ intervenção. Permite precaver, quantitativamente, a ocorrência de confundimentos que decorrem de determinantes não medidos pelos resultados. Esta particularidade permite inferências causais válidas.[113]

[109] Vide Alderson, Green, and Higgins, p. 52.
[110] Porta, Miquel and others, p. 73.
[111] Forma específica de ocultação, sem tradução consensual para português.
[112] Alderson, Green, and Higgins.
[113] Keneth Rothman and Greenland; Pocock, Stuart.

Tipo de estudo	Viés		Características do desenho relacionadas com o viés
Estudo experimental	Desempenho	Ocultação	Processo de manter na ignorância os observadores/ investigadores, sujeitos do estudo e/ou analistas relativamente a conhecimentos que possam introduzir vieses no estudo (por exemplo, existência de característica que possa alterar significativamente o desfecho). Quando os participantes ou os investigadores estão cientes do seu estado, muitas vezes existe co-intervenção e contaminação afetando os resultados do estudo.[114]
Estudo experimental Estudo de coorte	Exclusão	Perdas do seguimento/ follow-up	O seguimento é definido como o período de tempo em observação de um indivíduo, grupo ou população cujas características ou estado é desconhecido. Uma perda substancial de sujeitos do *seguimento* pode colocar sérias dúvidas acerca da validade do estudo. Considera-se que um seguimento de 60% é inadequado para tirar qualquer conclusão, sendo o valor 80% considerado aceitável ainda que esta aceitabilidade possa depender do tipo de características dos indivíduos perdidos (por exemplo, se essas características estão ou não correlacionadas com a exposição/ intervenção e/ ou o efeito)[115]
Estudo de coorte	Seleção	Seleção da coorte de não expostos	Num estudo de coorte, a função do grupo de controlo (não expostos) é estimar qual a taxa de ocorrência do fenómeno em estudo caso tivessem sido expostos. Assim, o grupo de comparação ideal seria aquele em que todas as características seriam iguais às do grupo de expostos exceto na exposição. A melhor forma de o conseguir é através da aleatorização o que, na maior parte das vezes, não é exequível. Em alternativa é possível optar por controlos internos, emparelhados ou não emparelhados e por controlos externos. Os controlos internos são retirados da mesma população de onde foi identificada a coorte de expostos sendo que nos casos em que os confundimentos não são todos conhecidos não se deve fazer emparelhamento. Já se os fatores de confundimento forem amplamente conhecidos deve-se fazer o emparelhamento. Por último, e quando a utilização de controlo internos não é viável, é possível utilizar um grupo de comparação que provenha de outra população que não tenha sido exposta embora, nestes casos, o desenho se considere mais propenso a viés de seleção.[116]

114 Alderson, Green, and Higgins; Porta, Miquel and others.

115 Breslow and Day, II; Porta, Miquel and others; Keneth Rothman and GreenlanD.

116 Elwood; Breslow and Day, II.

Tipo de estudo	Viés	Características do desenho relacionadas com o viés	
Estudo de coorte Estudo transversal	Medição	Avaliação da exposição	A informação sobre a exposição pode advir de registos já existentes, entrevistas, medidas diretas ou de uma combinação de várias fontes de informação. Os registos encontram-se entre as fontes de informação sobre exposição menos frequentes uma vez que este tipo de informação não está, na maior parte dos casos, disponível ou encerra vieses de classificação. As medidas diretas da exposição podem ser uma alternativa dependendo do tipo de exposição que se está a medir. No entanto, são, muitas vezes, mais dispendiosas e podem não refletir uma exposição etiologicamente relevante. Outra alternativa para medir a exposição é a realização de entrevistas aos sujeitos embora estas estejam, muitas vezes, sujeitas a vieses de memória. Uma forma de reduzir os vieses de classificação da informação sobre a exposição é utilizar mais de uma fonte de dados.[117]
Estudo caso-controlo	Seleção	Adequação da definição de caso	A definição de caso é essencial e envolve a especificação dos critérios de diagnóstico da condição de interesse e dos critérios de elegibilidade dos sujeitos em estudo.[118]
		Seleção dos controlos	Os controlos podem ser selecionados a partir de uma instituição (por exemplo, um hospital) – controlos institucionais ou de uma comunidade de onde provêm os casos; – controlos comunitários ou populacionais. Habitualmente, os controlos comunitários são selecionados aleatoriamente a partir da população, o que assegura, na maior parte dos casos, uma seleção de controlos não enviesada. O uso de controlos institucionais deixa mais espaço para dúvidas no que diz respeito à validade da comparação entre casos e controlos. Neste caso não se garante uma seleção aleatória de todos os controlos potencialmente elegíveis na população alvo. Outra alternativa pode ser a seleção de controlos de vizinhança em que são utilizados como controlos indivíduos que vivem na mesma localidade dos casos. No entanto, os controlos podem não ser membros da população alvo. Podem, ainda, ser utilizados controlos emparelhados em que os controlos são selecionados com o objetivo de assegurar a sua similitude com os casos, habitualmente por indicação dos próprios casos. Tal pode fazer com que a indicação do controlo, por parte do caso,

[117] Keneth Rothman and Greenland.
[118] Keneth Rothman and Greenland.
[119] Porta, Miquel and others; Keneth Rothman and Greenland; Schlesselman.
[120] Elwood.

Tipo de estudo	Viés	Características do desenho relacionadas com o viés	
		Seleção dos controlos	esteja totalmente dependente do caso. O uso deste tipo de controlos pode também introduzir um viés adicional relacionado com o facto de os amigos não serem mutuamente exclusivos o que pode levar a sobre representação de determinados indivíduos nos controlos. Em alguns casos pode-se escolher controlos mortos. No entanto, de uma maneira geral, estes não são um membro da população alvo pelo que a escolha deste tipo de controlo não garante a representatividade da distribuição da exposição.[119]
Estudo caso-controlo Estudo transversal	Exclusão	"Taxa" de participação e "taxa" de resposta	A recusa em participar ou a recusa em responder podem introduzir importantes vieses nos estudos. É, por isso, importante conhecer a taxa de participação e de resposta assim como a descrição dos não respondentes. A taxa de participação é definida como o número de participantes sobre o número de sujeitos elegíveis para o estudo. Esta taxa fornece uma medida dos problemas de interpretação que podem ser apresentados pelos resultados. Já a taxa de resposta refere-se ao número de participantes sobre o número de sujeitos elegíveis para o estudo que foram identificados, contactados e cuja participação no estudo foi solicitada. Uma vez que a taxa de resposta não contabiliza as perdas por morte, incapacidade para localizar e exclusão pelos investigadores, entre outros, não deve ser a única estimativa de participação.[120]
Estudo caso-controlo	Medição	Método de avaliação da exposição para os casos e para os controlos	Idealmente, uma medida deve ser precisa e reprodutível. Para além disso, não deve depender de quem a faz. Neste sentido é essencial que sejam tomadas medidas para garantir que a medição do efeito, resultado ou exposição é idêntica entre casos e controlos, e válida.[121]
Estudo transversal	Seleção	Controlo de confundimentos	Os vieses por confundimento ocorrem quando o efeito estimado de uma exposição/ intervenção num resultado se deve à presença de um fator "exógeno" associado quer com a exposição/ intervenção quer com o resultado. O controlo dos fatores de confundimento permite esclarecer de uma forma mais clara a relação entre intervenção/ exposição e o resultado.[122]

121 Keneth Rothman and Greenland; Pocock, Stuart.

122 Porta, Miguel, Sander Greenland, and John Last, A Dictionay of Epidemiology, 5th Edition (New York: Oxford University Press, 2008).

Tipo de estudo	Viés	Características do desenho relacionadas com o viés	
Estudos ecológicos	Seleção	Demonstração de que os resultados de interesse não estavam presentes no início do estudo	A inferência correta sobre o efeito de uma exposição requer que, no *baseline* (antes da exposição), os indivíduos expostos e não expostos sejam igualmente suscetíveis. Se tal não acontecer qualquer fator que afete o risco de doença e que difira entre indivíduos expostos e não expostos pode causar associações espúrias entre exposição e doença.[123]
Estudos ecológicos	Medição	Evidência de alteração da classificação da condição de interesse durante o tempo em estudo	Alterações nos critérios de diagnóstico e na precisão desse diagnóstico, no tempo de sobrevida devido a tratamentos mais eficazes e nos comportamentos de procura de cuidados, por exemplo, podem alterar a classificação da presença/ ausência da condição de interesse, dificultando, deste modo, a inferência.[124]

Confundimento

Uma das principais preocupações da epidemiologia analítica é que exista comparabilidade dos grupos em estudo, idealmente em todas as características exceto na exposição/ causa e na doença/ efeito.

O confundimento, do latim *confundere*, misturar, é uma consequência da comparação de grupos de indivíduos que diferem em termos dos determinantes da doença ou condição de interesse que está a ser estudada[125]. Ocorre quando a totalidade ou parte de uma associação aparente entre uma exposição e um resultado se deve a outras variáveis que influenciam o desfecho mas que não são afetadas pela exposição[126]. É considerado um tipo especial de viés que ocorre quando, ao juntar vários estratos definidos de acordo com uma dada variável, o efeito da exposição se mistura ao longo dos estratos levando a que ocorra uma associação (estatística, mas não causal) entre a exposição e o efeito.

Estamos perante um confundimento quando, num estudo sobre a associação entre a exposição A e a doença B, o fator X (confundimento) é um conhecido fator de risco da doença B e está associado ao fator A, mas não resulta do fator A (Figura 10).

[123] Keneth Rothman and Greenland.

[124] Keneth Rothman and Greenland.

[125] Alfredo Morabia, 'History of the Modern Epidemiological Concept of Confounding', *Journal of Epidemiology and Community Health*, 65.4 (2011), 297–300 <https://doi.org/10.1136/jech.2010.112565>.

[126] Porta, Miquel and others, p. 55.

FIGURA 10 – Representação gráfica do conceito de confundimento

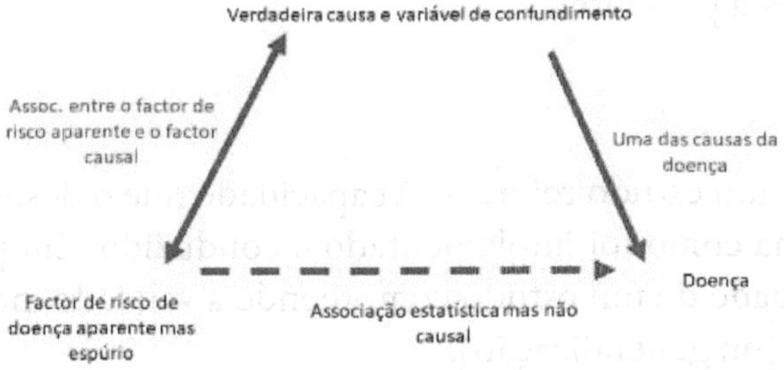

O controlo dos fatores de confundimento é feito no desenho e execução do estudo, existindo diferentes técnicas para o fazer (e.g., emparelhamento individual ou de grupo em que a variável de emparelhamento é a relativa ao confundimento) e/ou na análise dos dados (e.g., estratificação, aplicação de modelos estatísticos que permitam o ajustamento dos dados para a variável de confundimento)[127].

Interação

Quando a força de associação varia entre subgrupos de uma população dizemos que ocorre interação ou modificação de efeito, embora alguns autores distingam a primeira do segundo[128]. A interação ocorre quando o efeito de duas variáveis, na presença uma da outra, difere significativamente daquele que seria de esperar individualmente de cada uma[129]. Este efeito pode ser maior – **interação positiva ou sinergismo** – ou menor – **interação negativa ou antagonismo**. A questão é que, muitas vezes, é difícil determinar o efeito de cada uma das variáveis.

Para investigar a presença de interação devemos analisar a força de associação entre os diferentes estratos de uma população (subgrupos).

[127] Para uma discussão aprofundada sobre o conceito de confundimento vide Alfredo Morabia, 'History of the Modern Epidemiological Concept of Confounding', *Journal of Epidemiology and Community Health*, 65.4 (2011), 297–300 <https://doi.org/10.1136/jech.2010.112565>.

[128] Vide Tyler J. VanderWeele, 'On the Distinction between Interaction and Effect Modification', *Epidemiology (Cambridge, Mass.)*, 20.6 (2009), 863–71 <https://doi.org/10.1097/EDE.0b013e3181ba333c>.

[129] Gordis, Leon.

Se esta for igualmente forte não existe interação, mas se variar entre estratos então está presente.

Validade

A validade de um estudo refere-se à capacidade que o desenho desse estudo e a forma como foi implementado e conduzido têm para prevenir vieses. A validade de um estudo compreende a validade interna e a validade externa (ou generalização).

A **validade interna** refere-se à capacidade de medir corretamente o fenómeno em estudo e "garantir" que a relação/associação encontrada ocorre na realidade e é não devida a erros sistemáticos ou a confundimentos. Assim, a validade interna depende da medição precisa dos efeitos, independentemente do erro aleatório. Uma medição terá maior validade interna quanto menores forem os vieses associados à medição do fenómeno em estudo[130].

A **validade externa**, por seu lado, diz respeito à capacidade de generalização dos resultados de um estudo epidemiológico para a população que não participou no estudo. É, também, o elo de ligação entre a produção de conhecimento e a utilização desse mesmo conhecimento. Alguns epidemiologistas[131] consideram que a generalização depende, apenas, da representatividade do subgrupo em estudo relativamente à população alvo. No entanto, a discussão à volta da capacidade de generalização vai além do conceito de representatividade (que, em última análise, é "garantido" pela técnica de seleção da amostra) uma vez que é necessário considerar, e numa perspetiva de utilização do conhecimento, a relevância dos resultados para a população alvo e a capacidade de generalizar esses resultados para o contexto da população[132], assim, como todos os aspetos metodológicos do estudo[133].

O estudo ideal é aquele em que a validade interna e externa são ambas elevadas. No entanto, muitas vezes, para que a validade interna de

[130] Keneth Rothman and Greenland.

[131] Eddy Lang, 'The Why and the How of Evidence-Based Medicine', *McGill Journal of Medicine*, 8 (2004) <https://doi.org/10.1002/9781118643440.ch4>.

[132] Keneth Rothman and Greenland.

[133] Porta, Miquel and others.

um estudo seja elevada, há que fazer algumas cedências em termos da capacidade de generalização desse mesmo estudo[134].

Causa e efeito

Depois de concluir que a associação estatística não se deve ao acaso, não resulta de vieses, confundimentos ou interação e que os resultados são válidos, começamos, então, a discernir sobre uma se se trata, de facto, de uma relação causal.

O conceito filosófico de causa e a sua relação com o pensamento causal em epidemiologia

O conceito filosófico de causa pressupõe *"...imputação a alguém (ou algo) de algo (...) a produção de algo de acordo com uma certa norma, ou o acontecer algo segundo uma certa lei que rege todos os acontecimentos da mesma espécie, ou transmissão de propriedades de uma coisa a outra segundo determinado princípio, ou todas estas coisas ao mesmo tempo."*[135]. Assim, a causalidade trata de questões relacionadas com a causa e a ação ou efeito de causar algo.

As ideias de causa e de causalidade começam a ser abordadas pelos filósofos pré-socráticos que, embora não as tenham aprofundado, utilizaram a ideia de causa para explicar a origem, princípio e razão do mundo físico.

Mais tarde, Platão defendeu que tudo o que existia tinha uma causa embora esta não fosse puramente mecânica, mas inteligível. Assim, Platão distinguiu entre causas primeiras ou inteligíveis (ideias) e causas segundas, sensíveis ou eficazes (realidades materiais e sensíveis). Ainda de acordo com este filósofo, as causas segundas dependiam das primeiras, essencialmente pela sua perfeição (as causas primeiras eram modelos ou atracões)[136].

Aristóteles também se dedicou ao estudo das causas e propôs uma classificação das causas em: (1) causa eficiente – princípio da mudança; (2) causa material – aquilo do qual surge algo ou algo virá a ser; (3) causa

[134] Vide Linda Ferguson, 'External Validity, Generalizability, and Knowledge Utilization', *Journal of Nursing Scholarship: An Official Publication of Sigma Theta Tau International Honor Society of Nursing*, 36.1 (2004), 16–22.

[135] José Ferrater Mora, *Dicionário de Filosofia* (Lisboa: Publicações Dom Quixote, 1982), p. 56.

[136] Mora.

formal – ideia ou paradigma e (4) causa final – a realidade para que algo tende a ser[137].

Ao longo da Idade Média, foram vários os filósofos que se debruçaram sobre as causas. Um dos mais importantes foi São Tomás de Aquino que considerava a causa como aquilo ao qual algo se segue necessariamente, definição já muito próxima da que encontramos em epidemiologia e que se encontra espelhada, por exemplo, no critério de temporalidade – a causa tem de anteceder o efeito. São Tomás de Aquino considerava, também, e distinguindo-a de princípio, que a causa, apesar de ser, de certa forma, também um princípio, era-o segundo a realidade. Com isto, este filósofo distinguiu entre princípio-consequência e causa-efeito[138].

Outro marco importante no estudo da causalidade foi Galileu: *"Antes de Galileu, a noção de causa tem como motivo principal dar razão das próprias coisas; depois dele, a noção de causa dá razão de variações e deslocações enquanto suscetíveis de medida e expressáveis matematicamente."*[139]

Depois de Galileu, o tema da causa continuou a despertar bastante interesse, mas, do ponto de vista da epistemologia do pensamento epidemiológico, os trabalhos mais importantes foram os realizados por David Hume que reduziu *"...a causa à sucessão e destruiu o nexo lógico e (...) meramente racional da relação causa-efeito."*. Hume afirmava: *"Só se descobre (...) que um acontecimento sucede a outro, sem que se possa compreender nenhuma força ou poder pelo qual opera a causa ou qualquer conexão entre ela e o seu suposto efeito, de tal modo que os dois termos estão unidos, mas não relacionados."*[140]

Quando, em epidemiologia, descobrimos uma relação causa-efeito, apenas podemos afirmar que a causa antecede e provoca o efeito sendo que esta relação não é, por si, explicativa. Por vezes é a descoberta da relação epidemiológica de causa-efeito que leva ao estudo aprofundado dos mecanismos da causa que levam ao efeito.

De acordo com os trabalhos de Hume a causa pode ser definida como um objeto seguido de outro (outra vez a condição de tempo – a causa dá-se antes do seu efeito) e cuja aparência implica sempre o pensamento desse outro – a especificidade da causa relativamente ao efeito.

[137] Mora.
[138] Mora.
[139] Mora, p. 58.
[140] Mora, p. 59.

Neste último ponto, devemos ponderar a natureza da relação causa-efeito que estamos a estudar. Explicando, se estivermos a estudar a causa da gripe, com certeza que o vírus influenza é a causa da gripe, é específico da gripe. No entanto, se estivermos a estudar o efeito da exposição ao tabaco, o cancro do pulmão não é específico a essa exposição.

Os trabalhos de Kant também assumiram relevância na construção do pensamento causal epidemiológico. Este filósofo alertou para a importância de basear o discernimento sobre uma relação causal no real, ou seja, a relação só existe se existir na realidade. Lembremos que o conhecimento epidemiológico, maioritariamente sobre as causas ou determinantes de doença, é proposicional, fazendo-se com a dedução sobre hipóteses de relações causais.

Kant considerava, também, que a causalidade não se podia derivar empiricamente, mas, por outro lado, também não resultava puramente da razão. Quer isto dizer que o discernimento sobre uma relação de causa-efeito não se pode basear em experiências vulgares, imediatas, não metódicas, mas que, também, e talvez como princípio de uma investigação causal e como fim dessa mesma investigação, há um lugar para o empirismo. Clarificando, muitas das investigações sobre uma relação de causa-efeito começam por observações ou experiências vulgares – um aumento abrupto, um desvio à normalidade, uma sensação de incompreensão que é necessário explicar. Por outro lado, muitas relações provadas (estatisticamente e por concordância com as orientações atuais de causalidade) de causa-efeito necessitam de mais explicação e só não são mais explicadas porque o conhecimento ainda não evoluiu o suficiente: *"A noção de causalidade permanece assim inatacável, pois a sua aceitação não depende nem de uma suposta evidência ontológica (que, além disso, é vazia de conteúdo) nem da demonstração empírica (que nunca consegue resultados universais e necessários)."*[141]

Os **primeiros critérios de causalidade** foram postulados por Henle e, mais tarde, desenvolvidos por Koch, no séc. XIX[142], e incorporam grande parte do pensamento de Kant e, também, de Hume. Foram fruto do panorama epidemiológico à altura, dominado pelas doenças infeciosas como principais causas de morbilidade e de mortalidade.

[141] Mora, p. 59/60.

[142] Alfred S. Evans, 'Causation and Disease: The Henle-Koch Postulates Revisited', *The Yale Journal of Biology and Medicine*, 49.2 (1976), 175–95.

Os postulados incluíam:

1. O organismo tem de estar presente em todos os casos de doença – note-se que a ideia de perenidade da causa face ao efeito pensada por Hume está refletida neste critério. Se o organismo é, de facto, causa da doença, então a doença tem de implicar a presença (e não o pensamento) do organismo.
2. O organismo tem de ser isolado e cultivado numa cultura pura – talvez aqui possamos encontrar espelhado, mas de forma menos evidente, a ideia de Kant no que diz respeito à realidade da relação causal. Passando a explicar, se para existir uma relação causal esta tem que ocorrer no plano do real, então, para ter a doença resultante do microrganismo, este tem de estar presente, ser real, estar vivo e capaz de viver no indivíduo infetado.
3. O organismo tem de, quando inoculado num animal suscetível, causar a doença específica – neste critério é óbvia a ideia de especificidade defendida por Hume, o que, para as doenças infeciosas, é exequível.
4. O organismo tem de ser recuperado do animal e identificado – a explicação filosófica deste critério é semelhante à apresentada em 2).

No entanto, e com a alteração do panorama epidemiológico no séc. XX, dominado, agora, por doenças multicausais, não infeciosas, a par com o avanço dos métodos epidemiológicos e das novas tecnologias, os critérios de Henle e Koch deixaram de ser aplicáveis à maioria dos problemas de saúde[143].

Nos anos 40 do séc. XX, Sir Bradford Hill compilou uma série de orientações que ajudariam os epidemiologistas a discernir sobre uma eventual relação de causa-efeito. Estes novos "critérios", que continuavam a refletir o pensamento de Hume e de Kant, não foram exclusivamente pensados por Hill mas resultaram dos diferentes estudos epidemiológicos que se faziam à altura e que focavam, agora, exposições (causas) difíceis de medir e de relacionar com os efeitos. Na base

[143] Christoph Gradmann, 'A Spirit of Scientific Rigour: Koch's Postulates in Twentieth-Century Medicine', *Microbes and Infection*, 16.11 (2014), 885–92 <https://doi.org/10.1016/j.micinf.2014.08.012>.

destas orientações estiveram, por exemplo, os estudos sobre o cancro do pulmão. Abordaremos um pouco mais à frente cada uma destas orientações. Usamos o temo orientações e não critérios uma vez que, como veremos, nem todos têm de ser obrigatoriamente "preenchidos" para que se decida que estamos, de facto, perante uma relação de causal[144].

Tipos de causas

Em epidemiologia, consideramos que uma **causa** é um evento, condição, característica ou combinação dos fatores que desempenham um papel importante no desenvolvimento de doença. Chamamos a atenção para o facto de esta definição ter subjacente a noção de que a causa não tem, necessariamente, de causar a doença[145]. Neste sentido, surgiram os conceitos de causa necessária, causa suficiente e causa componente[146]. Para ilustrar as diferenças, vamos analisar um exemplo clássico – o da tuberculose.

Sabemos que a tuberculose é causada por bactérias pertencentes ao complexo *Mycobacterium tuberculosis*. Sabemos, também, que o contacto com um indivíduo com tuberculose ativa não conduz necessariamente à infeção. A aquisição da infeção depende de fatores como a intimidade e duração do contacto, o grau de infecciosidade do caso, a aglomeração em ambientes pouco ventilados ou o estado imunitário do indivíduo. No entanto, ninguém desenvolve tuberculose sem que tenha contactado com o agente etiológico – *Mycobacterium tuberculosis*. A exposição ao *Mycobacterium tuberculosis* é condição – **causa necessária** – para adquirir tuberculose, mas essa exposição pode não ser **causa suficiente** para adquirir a tuberculose.

A causa suficiente para que um indivíduo adquira tuberculose não é, na verdade, única mas sim um conjunto de causas que se dizem **causas componentes** da causa suficiente. Assim, a causa suficiente resulta de

[144] Para uma discussão sobre as orientações de Hill e o pensamento subjacente vide Alfredo Morabia, 'Hume, Mill, Hill, and the Sui Generis Epidemiologic Approach to Causal Inference', *American Journal of Epidemiology*, 178.10 (2013), 1526–32 <https://doi.org/10.1093/aje/kwt223>.

[145] Porta, Miguel, Greenland, and Last.

[146] Kenneth J. Rothman and Sander Greenland, 'Causation and Causal Inference in Epidemiology', *American Journal of Public Health*, 95 Suppl 1 (2005), S144-150 <https://doi.org/10.2105/AJPH.2004.059204>.

um conjunto de causas componentes que, no seu conjunto, foram suficientes para causar a doença no indivíduo. Claro que, no caso da tuberculose há uma causa componente que é comum e necessária a todas as causas suficientes – a exposição ao *Mycobacterium tuberculosis* – causa necessária.

Consideremos, agora, o exemplo da infeção pelo vírus da imunodeficiência humana (VIH). Relativamente a esta infeção, sabemos que ninguém a desenvolve se não tiver tido contacto prévio com o VIH (causa necessária). No entanto, o contacto com o VIH, nem sempre é causa suficiente para adquirir a infeção. Por exemplo, no caso de aquisição da infeção por via sexual, o risco varia de acordo com o tipo de relação sexual[147], i.e., nem toda a relação sexual com um indivíduo infetado resulta em infeção para o indivíduo não infetado (Quadro 13).

Quadro 13 – Risco de infeção por VIH por tipo de exposição sexual ao VIH (adaptado de CDC http://www.cdc.gov/hiv/policies/law/risk.html)

Tipo de exposição sexual ao VIH	Risco por 10 000 exposições
Relação sexual anal recetiva	50
Relação sexual vaginal recetiva	10
Relação sexual anal insertiva	6.5
Relação sexual vaginal insertiva	5
Relação sexual oral recetiva	Baixo
Relação sexual oral insertiva	Baixo

Como vimos, anteriormente, a epidemiologia é uma ciência de base populacional que estuda a distribuição da doença e dos seus determinantes. O conhecimento sobre os determinantes e fatores de risco dos problemas de saúde permite atuar sobre estes contribuindo para manter ou melhorar a saúde de uma população.

[147] Vide Beens Varghese and others, 'Reducing the Risk of Sexual HIV Transmission: Quantifying the per-Act Risk for HIV on the Basis of Choice of Partner, Sex Act, and Condom Use', *Sexually Transmitted Diseases*, 29.1 (2002), 38–43.

Assim, de uma forma geral, podemos considerar que a epidemiologia (analítica) se debruça, essencialmente, sobre a natureza da relação entre uma potencial causa e um determinado efeito, i.e., sobre relações de causalidade. A epidemiologia baseia a sua análise e compreensão dos fenómenos numa série de pressupostos sendo que, no âmbito da epistemologia da causalidade, o mais relevante é que a doença não é um evento aleatório. Resulta, sim, de uma complexa interação entre ambiente e fatores genéticos. É este pressuposto que sustem a procura de causas.

Por outro lado, o conhecimento que detemos sobre a doença, ou melhor, sobre o risco de doença, é relativamente limitado. Isto acontece porque a nossa capacidade para afirmar que um efeito resulta de uma causa é, de facto, bastante reduzida. Aliás, as previsões acerca da ocorrência futura de uma determinada doença melhoram quanto mais perto estivermos do desfecho, sendo, assim, maior a probabilidade de acertarmos. Isto acontece porque raramente nos deparamos com ligações deterministas em epidemiologia (i.e., ligações que demonstram inequivocamente que uma causa produz um efeito). Clarificando, mesmo que conhecêssemos todas as causas de doença, o que, como é óbvio, não conhecemos, não saberíamos se estas causas estarão presentes no futuro. Mesmo se estas causas estivessem presentes no futuro, elas não seriam necessariamente determinísticas[148].

A questão é que o conceito de causa em epidemiologia e o conceito de senso comum de causa colidem. A noção de causa a que estamos habituados no nosso dia a dia, e com a qual convivemos desde que começamos a ter discernimento, não é exatamente aquela com que nos deparamos em epidemiologia. Clarificando, do ponto de vista da lógica, estamos perante uma relação causal quando A leva a B, sendo que, para isso, é necessário que A anteceda B e que B resulte de A.

Em epidemiologia, tal nem sempre se verifica e isso resulta da natureza multifatorial da maior parte dos problemas de saúde. Mesmo no caso das doenças infeciosas, que sabemos não ocorrerem sem a presença necessária do agente patogénico, a relação de causa efeito nem sempre assume este formato linear.

[148] Olsen, Jorn and others, *An Introduction to Epidemiology for Health Professionals,* Springer Series on Epidemiology and Health (Springer, 2010).

O que é curioso, e que, simultaneamente, introduz uma nota de complexidade no pensamento causal, é que a causa suficiente da grande maioria das doenças varia quase individualmente, ou seja, a causa suficiente para uma doença no indivíduo A pode variar nas suas componentes da causa suficiente para essa mesma doença no indivíduo B. Por isso é que nem todos os indivíduos que fumam têm cancro do pulmão. Não podemos esquecer que as medidas de risco em epidemiologia são medidas "populacionais", ou seja, representam o risco na população estudada e não, necessariamente, no indivíduo. Assim, deste ponto de vista, podemos falar de um risco de causa porque, no fundo, estamos a trabalhar no plano das probabilidades quando falamos de doenças multicausais. Há uma probabilidade maior de ter a doença se tiver determinada «causa» (componente) que se traduz num risco[149].

Imaginemos, novamente, que temos uma causa (A) e um suposto efeito dessa causa (B). Em epidemiologia, podemos ter quatro situações diferentes relativamente a A e a B:

- A causa (A) está presente e o efeito (B) está presente
- A causa (A) está presente, mas o efeito não está presente (B) podendo vir a manifestar-se mais tarde ou a nunca se manifestar
- A causa A não está presente, mas o efeito (B) está presente.
- A causa A não está presente e o efeito (B) também não está presente, podendo ou não vir a manifestar-se mais tarde.

Assim, podemos dizer que a causalidade, em epidemiologia, segue os princípios INUS[150]:

- As causas componentes, singularmente, são **Insuficientes** para explicar a doença (são necessárias outras causas componentes ao campo causal);
- As causas componentes são **Necessárias** ao campo causal (mas não são causas necessárias em sentido lato);
- Os campos causais não são necessários (do inglês ***Unnecessary***) pois existem vários que levam a doença e não são necessariamente iguais;

[149] Para uma discussão sobre causa versus risco vide Robert Lipton and Terje Ødegaard, 'Causal Thinking and Causal Language in Epidemiology: It's in the Details', *Epidemiologic Perspectives & Innovations: EP+I*, 2 (2005), 8 <https://doi.org/10.1186/1742-5573-2-8>.
[150] Olsen, Jorn and others.

- Os campos causais são **Suficientes** para a doença ocorrer, se completos.

Factores que interferem na causa de doença

Para além da complexidade inerente ao pensamento causal, existem, ainda, fatores que interferem na causa de doença. O próprio modelo de causalidade, com diferentes causas componentes concorrendo para um campo causal específico, pressupõe que todas elas atuam de forma concertada para produzir o efeito. No entanto apesar de concertada, a atuação de cada uma das causas componentes não é, necessariamente, simultânea.

Para clarificar esta ideia, vamos recorrer a um exemplo utilizado por Rothman[151]. Imaginemos que um indivíduo faz um trauma na cabeça que resulta num distúrbio do equilíbrio. Anos mais tarde, este mesmo indivíduo, e em consequência das alterações de equilíbrio, cai e fratura o colo do fémur. Podemos dizer que a queda causou a fratura do cólo do fémur mas a queda resultou de uma perda de equilíbrio que resultou, por sua vez, de um traumatismo craniano. Apesar de todos estes fatores contribuírem para o efeito – fratura do colo do fémur – sendo, assim, causas componentes, ocorreram em tempos diferentes. Adicionalmente, temos de realçar que houve uma acumulação progressiva de risco que resultou no cúmulo fratura do cólo do fémur. Este "acumular" de risco traduz-se, em epidemiologia, nos conceitos de interação ou modificação do efeito.

As causas podem ser, ainda, classificadas em fatores predisponentes, facilitadores, precipitantes e de reforço. Todos estes fatores podem ser necessários ao campo causal mas raramente são suficientes para causar uma doença ou estado particular. Os fatores predisponentes criam um estado de suscetibilidade a uma doença. São exemplos a idade (e.g., crianças e infeção respiratória alta, raparigas adolescentes e infeções sexualmente transmitidas) ou o sexo (e.g., homens jovens e acidentes). Os fatores facilitadores pioram o estado de doença (e.g., baixo rendimento, má nutrição, más condições de salubridade, dificuldade em aceder aos cuidados de saúde). Os fatores precipitantes estão associados com o início da doença ou estado (e.g., exposição a um agente de doença

[151] Rothman.

específico ou a um agente nocivo) e os fatores de reforço agravam a doença ou estado (e.g., exposição repetida).

Orientações de causalidade de Bradford Hill

A partir da década de 20 do séc. XX, com as inovações tecnológicas e a alteração do panorama epidemiológico, tornou-se necessária uma revisão dos critérios até aí usados para decidir sobre uma relação de causa-efeito. Estes critérios, embora respondessem na perfeição às características das doenças infeciosas da época, não podiam ser aplicados às doenças não transmissíveis que, agora, emergiam.

A discussão acerca de critérios de causalidade alternativos era grande e pululavam os departamentos de medicina social. Simultaneamente, e com o surgimento de novas técnicas estatísticas e do conceito de risco, as certezas tão características do modelo matemático iniciado por Charles-Alexandre Louis eram, agora, incertezas materializadas em probabilidades. Em termos epidemiológicos surgia o conceito de risco assim como outros conceitos análogos (como o de odds ratio).

Foram várias as tentativas para criar uma lista de critérios de causalidade, apesar de ser uma tarefa bastante complicada. Grande parte destes novos cânones de inferência causal baseavam-se nos descritos por John Stuart Mill.

Uma dessas tentativas, e a mais bem-sucedida, foi perpetrada por Sir Bradford Hill que, na realidade, propôs critérios de causalidade adaptando-os do *U.S. Surgeon General's 1964 Report on Smoking and Health*. São estas orientações (e não critérios pois a ideia não é ter uma lista de verificação) que, atualmente, se utilizam para decidir sobre uma eventual relação de causa-efeito. Bradford Hill não inventou os novos "critérios". Na realidade o que fez foi compilá-los[152], escrevê-los e publicá-los e são essas orientações que, atualmente, se aplicam para decidir sobre uma eventual relação de causa-efeito.

O processo de decisão sobre uma relação de causa-efeito inicia-se, geralmente, pela constatação, repetida, de uma associação entre duas variáveis: a causa e efeito. No entanto, a existência de uma associação

[152] Vide publicação original Austin Bradford Hill, 'The Environment and Disease: Association or Causation?', *Proceedings of the Royal Society of Medicine*, 58.5 (1965), 295–300.

estatisticamente significativa entre a causa e suposto efeito não é condição *sine qua non* para uma relação de causa efeito. Podemos estar perante erros aleatórios, diferentes tipos de vieses e confundimentos que influenciam a estatística e os seus testes[153]. Não sendo este o caso, e a associação estatística verificada ser, de facto, real, é preciso, então, analisar essa potencial relação de causa-efeito de acordo com as orientações de Bradford Hill.

Analisamos, de seguida, cada uma dessas orientações.

Força de associação

Esta orientação foi considerada, no artigo original de Hill, como aquela que deve ser analisada em primeiro lugar. E, de facto, em qualquer estudo epidemiológico, serão estes dados de associação ou de excesso de doença que captarão a atenção. Se não se encontrar uma associação entre a potencial causa e o efeito, na maioria das vezes, a investigação epidemiológica termina.

No entanto, se encontrarmos uma associação entre uma variável causa e outra de efeito, podemos, eventualmente, estar perante uma relação de causal. No entanto, a existência de uma associação pode ocorrer por confundimento ou por outro tipo de viés, pelo que se deve analisar esta associação considerando a qualidade metodológica do estudo.

É importante realçar que a força de associação faz sentido no contexto populacional. A causa de doença é composta por várias causas componentes e, de acordo com o modelo que temos vindo a utilizar, a nível individual, todas as causas componentes apresentam o mesmo risco de doença. Suponhamos que um indivíduo desenvolveu cancro do pulmão e que para esse indivíduo desenvolver a doença foi suficiente ser fumador e ter antecedentes familiares de doença e que os riscos relativos de uma e outra causa na população de onde provém o indivíduo são 10 e 5, respetivamente. Na verdade, não podemos afirmar que ser fumador contribuiu mais para o indivíduo ter cancro do pulmão do que o ter antecedentes familiares da doença. Ambos os fatores contribuíram de forma idêntica, e ambos foram necessários para que aquele indivíduo desenvolvesse a doença.

153 Hill.

A nível dos campos causais individuais, não existem causas fortes ou fracas mas apenas fatores que foram causas e os que não foram causas. Para percebermos o que é uma causa forte temos de deixar de pensar num caso individual e pensar no peso total de casos numa população, uma vez que, quando calculamos as medidas de associação, as calculamos para uma população/ amostra e não para o indivíduo. Assim, causa forte será "*... uma causa componente que desempenha um importante papel causal numa proporção alargada de casos...*" e causa fraca "*...uma causa componente num pequena proporção de casos.*"[154]

Deste ponto de vista, ao existir uma associação forte entre uma potencial causa e um efeito é mais provável que estejamos perante uma relação causal em comparação a uma associação fraca.

Consistência

Podemos identificar "muitas associações", algumas das quais serão, inclusivamente, estatisticamente significativas, parecendo pouco provável que a sua ocorrência se deva ao acaso.

Ao encontrar a mesma associação entre uma suposta causa e um dado efeito em diferentes tipos de estudo, diferentes populações e lugares e diferentes tempos, a probabilidade de estar perante uma relação de causa efeito é maior comparativamente a um único estudo. Uma relação de causa efeito resultante de apenas um estudo poderá ter origem, por exemplo, num grupo de indivíduos "fora do comum".

Existem, no entanto, dois aspetos a ter em consideração relativamente a esta orientação: (1) a não existência de consistência não significa necessariamente a ausência de relação entre causa e efeito e (2) a presença de consistência entre diferentes estudos pode ocorrer por repetição do mesmo viés ou a confundimentos ou vieses desconhecidos.

Especificidade

A especificidade refere-se à associação do fator causal a apenas algumas causas e não a uma variedade delas. Assim, uma associação tem maior

[154] Para uma discussão mais alargada sobre causa forte e causa fraca vide Keneth Rothman, *Epidemiology: An Introduction*, 2nd edition (New York: Oxford University Press, 2012), p. 26.

probabilidade de ser causal se a causa estiver associada a apenas um efeito do que se estiver associada a diferentes efeitos.

Esta orientação pode, contudo, ser "mal interpretada". Se tomarmos o exemplo do tabaco, a associação de várias doenças ao consumo de tabaco pode levar a que consideremos que o tabaco é pouco específico e, como tal, não um fator de risco (causal) de doença, o que, na realidade, não acontece.

O facto de não existir ou existir pouca especificidade não significa que não estejamos perante uma relação causal.

Relação temporal / temporalidade

De acordo com esta orientação, a causa tem de anteceder sempre o feito. Com se tornará evidente à medida que analisamos cada uma das orientações, algumas não têm necessariamente de ser respeitadas. No entanto, a relação temporal tem de ser respeitada e demonstrada. Nenhum efeito resulta de uma causa se essa causa não ocorrer antes do efeito.

No entanto, a relação temporal pode dar origem à falácia *post hoc ergo propter hoc* (depois disto logo por causa disto). Esta falácia refere-se ao de facto de não ser por suceder a uma causa que o efeito resulta necessariamente dessa causa. Por exemplo, eu tomo banho de manhã e saio de casa às 9 horas. Apesar de tomar banho antes de sair de casa não significa que eu saia de casa porque tomei banho.

Gradiente biológico

Uma potencial relação causal tem maior probabilidade de o ser se mudanças na causa estiverem associadas a alterações na prevalência ou incidência do efeito. A demonstração de uma relação dose – efeito clara, em estudos sem enviesamento, fornece uma forte evidência para a relação causal entre exposição e efeito. Da mesma forma, quando a remoção de uma possível causa resulta na diminuição do risco de doença, a probabilidade de uma associação ser causal é fortalecida.

Plausibilidade biológica e coerência

Uma associação é plausível, e assim com maior probabilidade de ser causal, se houver uma explicação fisiológica para a relação entre a causa e o efeito. No entanto, a capacidade de explicação dos fenómenos fisiopatológicos está largamente dependente do avanço do conhecimento à altura da "descoberta da associação". Tal, faz com que esta orientação de causalidade não tenha necessariamente de ser verificada para que possamos concluir acerca da eventual relação de causa efeito. Temos o caso da cólera no tempo de John Snow. Apesar de Snow não conseguir provar a existência do agente etiológico da cólera e, dessa forma, explicar a ocorrência da doença, conseguiu demonstrar que a água "provocava" a cólera embora não explicasse porquê. Aliás, não compete à epidemiologia explicar por que motivo uma causa tem determinado efeito, apenas "informar" que a causa provoca o efeito.

Outro exemplo, é caso do tabaco e de doença pulmonar[155]. A epidemiologia, através dos estudos pioneiros de Doll e Hill demonstrou a existência de uma associação entre tabaco e doença pulmonar. Os mecanismos químicos, moleculares e fisiopatológicos foram, posteriormente, explicados por outras ciências.

A coerência é pouco distinta da plausibilidade e remete para uma maior probabilidade da existência de uma relação causal se existir coerência entre o conhecimento atual sobre a relação de causa efeito e aquele que emerge do estudo dessa relação.

A coerência da relação causal distingue-se com alguma dificuldade da plausibilidade biológica. No seu texto original, Hill referia que preferencialmente, a interpretação de uma relação de causa e efeito deve, de uma forma geral, estar de acordo com aquilo que são os princípios gerais da história natural da doença e da sua fisiopatologia.

Experiência

A forma menos enviesada que existe de demonstrar uma relação de causa efeito, seja na epidemiologia ou numa ciência básica como a química, é

[155] Vide 'Pulmonary Diseases – How Tobacco Smoke Causes Disease: The Biology and Behavioral Basis for Smoking-Attributable Disease – NCBI Bookshelf' <https://www.ncbi.nlm.nih.gov/books/NBK53021/> [accessed 16 February 2018].

a condução de uma experiência. Ao realizarmos uma experiência, conseguimos, controlando uma série de fatores exógenos ao fenómeno em estudo, demonstrar que o efeito só ocorreu porque induzimos a causa. É por este motivo que os ensaios clínicos, estudos experimentais, são aqueles que melhor prova produzem na demonstração de um efeito. Qualquer relação de causa-efeito assim demonstrada terá maior valor.

Analogia

Algumas associações causais podem ser estudadas por analogia, esperando-se que, para causas semelhantes ocorram efeitos também semelhantes.

Desenho do estudo e valor de prova causal

É importante analisar a capacidade de cada estudo para demonstrar uma relação de causa-efeito. A melhor forma de provar a existência de uma relação de causa efeito é através dos estudos experimentais, nomeadamente dos ensaios clínicos, aleatorizados e com ocultação. Tal acontece porque este tipo de desenho nos permite demonstrar que o efeito se deve com elevado grau de certeza à causa uma vez que controlamos esta última e, simultaneamente, vieses relacionados com a seleção e distribuição dos indivíduos pelos grupos de intervenção (causa) e de controlo (sem causa). No entanto, nem sempre se podem realizar ensaios clínicos.

De entre os estudos observacionais, criam prova científica três desenhos: o de coorte, o de caso controlo e o transversal. Os estudos ecológicos, devido à falácia ecológica, não contribuem de forma evidente para a prova de uma relação causal, embora possam, de forma indireta, contribuir para a construção do conhecimento sobre essa mesma relação, demonstrando consistência.

De entre os estudos observacionais, os estudos de coorte, porque se assemelham a um desenho experimental, são os que têm maior valor de prova científica. Seguir-se-ão os estudos de caso controlo e, em último lugar, os estudos transversais. Paradoxalmente, e como resultado de desvantagens como a logística, o custo ou a inadequação para estudar doenças com períodos de indução elevados, os estudos de coorte são, de entre os observacionais, os que se realizam em menor número. No outro extremo estão os estudos transversais que, por serem económicos e relativamente simples, são realizados em grande escala. No entanto, e porque medimos simultaneamente causa e efeito, os estudos transversais são fracos na demonstração da relação causa-efeito, falhando na capacidade de demonstrar que a causa antecede o efeito (Figura 11).

FIGURA 11 – Relação entre tipos de estudo e valor de prova científica[156]

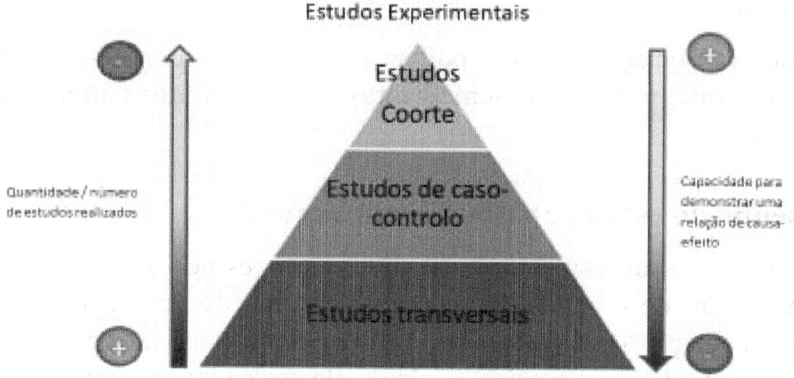

[156] Publicado em Fronteira, Ines, '[Observational studies in the era of evidence based medicine: short review on their relevance, taxonomy and designs]', *Acta Médica Portuguesa*, 26.2 (2013), 161–70.

Questões éticas na investigação epidemiológica

A ética (do grego *ethos* – costume, convenção ou espírito de comunidade) refere-se ao sistema coletivo de crenças e de valores de uma comunidade moral ou grupo socioprofissional[157]. Assim é, também, a forma de examinar e compreender a vida moral, estudando como se determina o que é bom para o desenvolvimento dos indivíduos e da sociedade e como evitar que as pessoas sejam prejudicadas. Em suma, a ética é um conjunto de valores e princípios que ajudam um grupo que partilha da mesma moral a decidir entre o que quer, o que pode e o que deve[158].

Marcos históricos da ética da investigação

A experimentação médica, principalmente no início do século XX e as subsequentes experiências ocorridas durante a II Grande Guerra foram fundamentais para o desenvolvimento da ética relacionada com a investigação em saúde.

Durante a II Guerra Mundial, a experimentação em seres humanos, contra a sua vontade, colocando em risco a sua vida e sem benefício que

[157] Vide D. L. Weed and R. E. McKeown, 'Ethics in Epidemiology and Public Health I. Technical Terms', *Journal of Epidemiology & Community Health*, 55.12 (2001), 855–57 <https://doi.org/10.1136/jech.55.12.855>.

[158] Tom Beauchamp and James Childress, *Principles of Biomedical Ethics*, 6th Edition (New York: Oxford University Press); Joel Serrão and Rui Grácio, *Filosofia*, 3ª (Lisboa: Livraria Sá da Costa Editora, 1970).

sobreviesse, tornou evidente que era necessária a proteção dos seres humanos envolvidos na investigação biomédica.

Entre Dezembro de 1946 e Agosto de 1947, integrado nos Julgamentos de Nuremberga, onde vários elementos do regime nazi foram julgados por crimes de guerra, decorreu o Julgamento dos Médicos no qual 23 réus foram acusados de crimes contra a humanidade que incluíam a realização de experiências em prisioneiros de guerra[159]. A questão da experimentação durante a II Guerra Mundial e a necessidade de definir claramente o que é, de facto, investigação, levaram a que, em 1947, fosse redigido o **Código de Nuremberga**.

Um dos resultados mais relevantes do Código de Nuremberga foi a introdução do consentimento livre (sem coação) e informado como obrigatório na investigação em saúde, evitando, assim, que os sujeitos a integrassem contra a sua vontade ou desconhecendo os seus potenciais resultados[160].

Adicionalmente, foi também reconhecido neste código que a investigação em saúde se deve justificar pelos resultados que se pretendem obter, ou seja, tem de existir um propósito para a investigação que, em última análise se deve traduzir num benefício para os sujeitos da investigação[161], evitando o sofrimento, a incapacidade ou a morte para os sujeitos envolvidos (não-maleficência). Por outro lado, tornou-se claro que a investigação em saúde devia, apenas, ser realizada por cientista qualificados.

Também relevante para o desenvolvimento da ética na investigação foi a **Declaração Universal dos Direitos do Homem**, em 1948, onde

[159] Vide Robert Lifton, *The Nazi Doctors: Medical Killing and the Psychology of Genocide* (Basic books, 2000).

[160] Coughlin, Steven and Beauchamp, Tom, *Ethics and Epidemiology* (Oxford University Press, 1996).

[161] O conceito de benefício em investigação em saúde é controverso pois, em algumas situações, pode não existir benefício "direto" para os sujeitos da investigação mas um benefício "indireto" que decorrerá daquele obtido para a comunidade/população de onde provêm os sujeitos da investigação. Um exemplo são os estudos anónimos de prevalência de doença (e.g., infeção por VIH) onde os participantes não conhecem o seu estado de doentes/não doentes mas o conhecimento da prevalência de doença contribui para uma melhoria nas políticas de rastreio, diagnóstico ou tratamento, e.g., em países de baixa renda, a introdução de terapias antirretroviral generalizada. Vide Casebook on Ethical Issues in International Health Research, ed. by Richard Cash and others (World Health Organization, 2009).

se reconheceu que todos os seres humanos nascem livres e iguais em dignidade e em direitos, com uma personalidade jurídica, com direito à vida, à liberdade e à segurança pessoal[162].

Em 1964, a Associação Médica Mundial adotou a **Declaração de Helsínquia sobre os Princípios Éticos da Investigação Médica em Seres Humanos** que constituiu a primeira tentativa de regulamentar a investigação médica, uniformizando alguns dos procedimentos e princípios orientadores, onde se realça a criação das comissões de ética, a "obrigatoriedade" da secção considerações éticas nos protocolos de investigação e da obtenção do consentimento informado. Adicionalmente, reconheceu-se que a saúde dos indivíduos deve ser a primeira preocupação do médico ou do investigador e que estes devem agir de acordo com o melhor interesse do indivíduo. Desde os anos 60 do século XX, a Declaração de Helsínquia tem sofrido várias revisões, sendo a mais recente a de 2013[163].

Em 1974, foi criada, nos Estados Unidos, a ***National Commission for the Protection of Human Subjects of Biomedical and Behavioral Research*** à qual foi pedido que identificasse os princípios éticos subjacentes à prática da investigação biomédica e comportamental que envolvesse sujeitos humanos e desenvolvesse orientações para assegurar que essa investigação era efetuada de acordo com esses princípios. Este levantamento devia ter em atenção as fronteiras entre a investigação biomédica e a investigação comportamental e a prática habitual e aceitável da medicina; o papel da avaliação dos critérios de risco/benefício na determinação da adequação da investigação envolvendo sujeitos humanos; as diretrizes para a seleção dos sujeitos humanos para participarem na investigação; e a natureza e definição do consentimento informado nos diferentes contextos de investigação[164]. Do trabalho desta comissão

[162] UNESCO, 'Declaração Universal Dos Direitos Do Homem', *GDDC / Direitos Humanos: Textos Internacionais / Instrumentos e Textos Universais*, 1948 <http://www.gddc.pt/direitos-humanos/textos-internacionais-dh/tidhuniversais/cidh-dudh.html> [accessed 11 January 2017].

[163] 'WMA – The World Medical Association-WMA Declaration of Helsinki – Ethical Principles for Medical Research Involving Human Subjects' <https://www.wma.net/policies-post/wma-declaration-of-helsinki-ethical-principles-for-medical-research-involving-human-subjects/> [accessed 21 February 2018].

[164] Department of Health, Education, and Welfare and National Commission for the Protection of Human Subjects of Biomedical and Behavioral Research, 'The Belmont

resultou o **Relário Belmont**, declaração de princípios éticos básicos e orientações que devem ajudar à resolução de problemas éticos colocados pela investigação com sujeitos humanos[165].

Em 1982, o *Council for International Organizations of Medical Sciences* (CIOMS) e a Organização Mundial da Saúde redigiram 25 orientações – ***International Ethical Guidelines for (Biomedical) Health-related Research Involving Human (Subjects)*** – com o objectivo de estabelecer a forma como os princípios éticos que orientam a investigação biomédica envolvendo seres humanos, como os consignados na Declaração de Helsínquia, podem ser efetivamente aplicados, particularmente nos países em desenvolvimento. Estas orientações foram revistas pela última vez em 2016[166] (Quadro 14).

Report. Ethical Principles and Guidelines for the Protection of Human Subjects of Research', *The Journal of the American College of Dentists*, 81.3 (2014), 4–13.1974, the National Research Act (Pub. L. 93-348).

[165] The National Commission for the Protection of Human Subjects of Biomedical and Behavioral Research, 'The Belmont Report', 1979 <https://www.hhs.gov/ohrp/regulations-and-policy/belmont-report/#xinform>.

[166] Council for International Organizations of Medical Sciences and World Health Organization, 'International Ethical Guidelines for Biomedical Research Involving Human Subjects', 2002 <http://www.cioms.ch/publications/guidelines/guidelines_nov_2002_blurb.htm> [accessed 16 January 2017].

Quadro 14 – Marcos do desenvolvimento da ética da investigação em saúde

	Marcos	Realces
1947	**Código de Nuremberga**	Consentimento informado sem coação Resultados esperados devem justificar a investigação Cientistas qualificados Evitar o sofrimento Evitar morte ou incapacidade
1948	**Declaração Universal dos Direitos do Homem**	Todos os seres humanos nascem livres e iguais em dignidade e em direitos Direito à vida, à liberdade e à segurança pessoal Direito a personalidade jurídica
1964 (última revisão em 2013)	**WMA Declaration of Helsinki** - Ethical Principles for Medical Research Involving Human Subjects	A saúde do doente é a primeira preocupação Agir de acordo com o melhor interesse do doente Comissões de ética e "obrigatoriedade" de considerações éticas nos protocolos de investigação Obrigatoriedade do consentimento informado *"6. The primary purpose of medical research involving human subjects is to understand the causes, development and effects of diseases and improve preventive, diagnostic and therapeutic interventions (methods, procedures and treatments). Even the best proven interventions must be evaluated continually through research for their safety, effectiveness, efficiency, accessibility and quality.* *7. Medical research is subject to **ethical standards that promote and ensure respect for all human subjects and protect their health and rights.**"*[167]
1979	**Relatório Belmont**	Fronteiras entre a investigação médica e comportamental e a prática aceite e rotineira da medicina Papel da avaliação do critério risco-benefício na determinação da adequação da investigação envolvendo seres humanos Orientações apropriadas para selecionar os seres humanos para a participação em investigações Natureza e definição de consentimento informado nos diferentes contextos de investigação
1982 (várias revisões, última em 2016)	**International Ethical Guidelines for (Biomedical) Health-related Research Involving Human (Subjects)**	Guidelines: 1. Valor científico e social e respeito pelos direitos 2. Investigação em contextos com baixos recursos 3. Distribuição equitativa dos benefícios e pesos na seleção dos indivíduos e grupos de participantes na investigação 4. Riscos e benefícios potenciais da investigação 5. Escolha dos controlos nos ensaios clínicos

167 'WMA – The World Medical Association-WMA Declaration of Helsinki – Ethical Principles for Medical Research Involving Human Subjects'.

Marcos	Realces
	6. Cuidados com as necessidades de saúde dos participantes
	7. Envolvimento comunitário
	8. Parcerias colaborativas e criação de competências para a investigação e revisão da investigação
	9. Indivíduos competentes para dar consentimento informado
	10. Modificações e dispensas ao consentimento informado
	11. Colheita, armazenamento e uso de materiais biológicos e dados relacionados
	12. Colheita, armazenamento e utilização de dados em investigação relacionada com a saúde
	13. Reembolsos e compensações aos participantes na investigação
	14. Tratamento e compensações por danos causados pela investigação
	15. Investigação em pessoas e grupos vulneráveis
	16. Investigação envolvendo adultos incapazes de dar consentimento informado
	17. Investigação em crianças e adolescentes:
	18. As mulheres enquanto participantes da investigação
	19. Mulheres grávidas e nutrizes como participantes da investigação
	20. Investigação em catástrofes e surtos
	21. Ensaios por clusters aleatorizados
	22. Utilização de dados obtidos a partir de ambientes online e digitais em investigação relacionada com a saúde
	23. Requisitos para o estabelecimento de Conselhos de Ética e para a revisão de protocolo

Teorias morais relevantes na ética da investigação epidemiológica

As teorias morais ou teorias éticas são pensamentos e argumentos morais abstratos, apresentações sistemáticas dos componentes básicos da ética, um corpo integrado de princípios morais e uma justificação sistematizada dos princípios morais[168]. Existem várias teorias morais. No entanto, em termos de discussão e argumentação na área da epidemiologia, selecionámos duas teorias que consideramos mais relevantes: o utilitarismo (uma das principais teorias consequencialistas) e o kantismo (teoria não consequencialista). Escolhemos estas teorias porque a discussão ética aplicada à investigação epidemiológica deve ser alicerçada em discussões filosóficas mais profundas que reconhecemos serem controversas.

Utilitarismo

O utilitarismo é a forma mais proeminente do consequencialismo que, na generalidade, postula que as ações devem ser eticamente determinadas e justificadas pelas suas consequências. Deste ponto de vista, uma ação justifica-se pelo saldo entre aquilo que provoca de bem (entendido, inicialmente como prazer) e aquilo que provoca de mal (entendido como dor). Assim, a ação útil pode ter inerente um conceito hedonístico que resultará do bem provocado pela ação. Inicialmente, este bem era determinado pelo prazer gerado pela ação através do cálculo hedonístico, puramente baseado na ideia de maximizar o prazer em detrimento da dor. Contudo, os trabalhos de Stuart Mill introduziram a noção que o prazer intelectual predomina sobre os do corpo, motivo pelo qual o bem, em vez de ser determinado pelo prazer, deve ser determinado pelas preferências (que podem não gerar necessariamente prazer)[169].

Atualmente, a ideia subjacente ao utilitarismo é que uma ação é moralmente justificável na proporção do bem que dela resulta podendo ser resumido na expressão "o maior bem para o maior número". Assim, concentra-se no valor do bem-estar que pode ser analisado enquanto

[168] Beauchamp and Childress.

[169] Beauchamp and Childress; Ben Mephan, *Bioethics: An Introductions for the Biosciences* (Oxford University Press, 2006).

prazer, beneficência (*welfare*), satisfação, aceitando apenas o princípio da utilidade na justificação das ações – o máximo balanço positivo de valor sobre o desvalor (ou o mínimo desvalor possível se apenas resultados indesejáveis poderem ser obtidos)[170].

Do ponto de vista da investigação epidemiológica e do utilitarismo, um estudo é moralmente aceitável na medida do bem gerado pelo mesmo e da abrangência desse bem. Uma das aplicações desta teoria é a análise de custo-benefício, utilizada com frequência na decisão política, face a um contexto de priorização em saúde.

No entanto, à luz desta teoria, e tendo em consideração que se baseia no conceito de bem como preferência subjetiva, é necessária a definição daquilo que é moralmente aceitável independentemente das preferências das pessoas envolvidas.

Em termos da investigação epidemiológica, na perspetiva utilitarista, um estudo é eticamente aceitável se dele resultar bem. Contudo, e porque estamos no paradigma do "maior bem ao maior número", ainda que incorramos em mal para alguns dos participantes da investigação, se a ação resultar em bem para os outros, o estudo pode ser eticamente justificável. A parte "sacrificar-se-ia" pelo todo[171].

Kantismo

Esta teoria moral, também denominada não consequencialista ou deontológica, nega grande parte da teoria utilitarista. Trata-se de uma teoria do dever (deontológica) que sustém que não é apenas a consequência que determina se a ação é boa ou má, mas também a razão. Assim, o valor moral de uma ação depende exclusivamente da aceitabilidade moral da regra sob a qual o indivíduo age. A obrigação moral é determinada, desta forma, por uma regra que, nalguns casos se pode sobrepor à vontade do indivíduo. É essa regra que irá justificar moralmente a ação. Desta perspetiva, cabe ao indivíduo não só agir moralmente, mas de forma a preservar e salvaguardar a obrigação moral. Tem o dever de respeitar a obrigação moral. Enquanto, no utilitarismo, o indivíduo age fazendo o

[170] Beauchamp and Childress.

[171] Para uma discussão mais aprofundada, aplicada à investigação e baseada em casos, vide *Ethical Issues in International Biomedical Research: A Casebook*, ed. by James Lavery and others (Oxford University Press, 2007), p. Part IV: Fair subject and community selection.

maior bem para o maior número, nesta teoria, o indivíduo deve fazer o bem pelo bem e porque isso é bom, independentemente dos seus desejos (ou prazer, por oposição ao utilitarismo). Surge, assim, a ideia de imperativo categórico – o que deve ser feito, independentemente dos desejos individuais, o princípio que justifica todos os imperativos de obrigação. É este imperativo categórico que, incondicionado, define o que é moralmente válido.

Esta teoria, na formulação original de Kant, define, ainda, que devemos agir para tratar cada pessoa em si mesma como um fim e nunca como apenas um meio.

Em termos da investigação epidemiológica, esta teoria remete para a necessidade de respeitar o indivíduo e a sua dignidade. Uma das formas de o garantir é através do princípio do respeito pela autonomia[172]. Do ponto de vista desta teoria, a participação de indivíduos em ensaios clínicos de fase I, por exemplo, só é aceitável se o indivíduo decidir autonomamente e de forma informada sobre a sua participação. Obviar-se-á, assim, que o indivíduo seja tratado como um meio, garantindo que o é "não apenas como um fim".

Princípios éticos

A preocupação com a vida moral esteve presente desde os primórdios da epidemiologia. Tal é evidente no juramento de Hipócrates em que o médico se comprometia não só a fazer o bem ao doente como a evitar fazer o mal. Identificamos, aqui, dois importantes princípios éticos ou normas morais: a beneficência e a não maleficência. Já os princípios morais do respeito pela autonomia dos doentes ou a justiça encontram-se pouco ou nada referidos, sendo que a preocupação com estes princípios surgiu mais tardiamente[173].

[172] De acordo com Tom Beauchamp and James Childress, *Principles of Biomedical Ethics*, 6th Edition (New York: Oxford University Press), p. 346, as pessoas têm autonomia quando agem de acordo com os valores morais que constituem o imperativo categórico. A autonomia opõe-se à heteronomia que se refere a qualquer interferência determinante sobre a vontade para além da motivação com base nos princípios morais. O princípio da autonomia é o único princípio da moral e é aquele que concede às pessoas respeito, valor e motivação. A dignidade da pessoa vem de ser moralmente autónoma.

[173] Coughlin, Steven and Beauchamp, Tom.

Neste capítulo, iremos abordar quatro princípios éticos: beneficência; não maleficência; respeito pela autonomia e justiça.

Beneficência e não maleficência

Embora tenhamos optado por tratar estes dois princípios éticos em conjunto, ressalvamos que beneficência não é sinónima de não maleficência, ou seja, o facto de fazer o bem não implica, necessariamente, que não se faça o mal.

A beneficência remete para a obrigação moral de agir para benefício dos outros enquanto a não maleficência se refere a não infligir o mal aos outros, ou seja, *primum non nocere*, primeiro que tudo não fazer o mal.

Tomemos como exemplo o caso da realização de um rastreio de uma doença genética, progressiva e mortal para a qual não existe cura. Tentando um absolutismo na análise ética que, na maior parte das vezes não se verifica, partamos do princípio que dar a conhecer o diagnóstico à pessoa é fazer o bem. O fato de estarmos, em termos absolutos, a fazer o bem (dar a conhecer um diagnóstico), não significa que estejamos a não fazer mal. Para aquela pessoa em particular, ficar a saber que tem uma doença genética para a qual não existe cura pode não ser bom, mas sim mau. Deste ponto de vista, ainda que estejamos a fazer o bem, não estamos a evitar o mal.

O princípio da não maleficência é explicitado por regras caracterizadas por proibições negativas de ação para as quais existem razões morais para essas proibições de conduta (e.g. como não matar, causar dor ou sofrimento, incapacitar, ofender ou privar os outros dos bens da vida) que devem ser seguidas de força imparcial.

Já as regras que definem o princípio da beneficência são, habitualmente, requisitos positivos de ação (e.g., proteger e defender os direitos dos outros, prevenir o mal de afetar ou ocorrer nos outros, remover as condições que causam mal aos outros, ajudar as pessoas com incapacidade e salvar pessoas em perigo) que nem sempre precisam de ser seguidos de forma imparcial e que, no geral, não fornecem motivos de sanção quando não são cumpridas.

Cabe ao epidemiologista, aquando do desenho dos estudos epidemiológicos, ter em consideração estes princípios, respeitá-los e torná-los igualmente claros aos participantes, de modo a que possa dar resposta às suas questões de investigação.

Respeito pela autonomia

A origem etimológica da palavra autonomia, do grego *autos* (o próprio) e *nomos* (regra, governança, lei) remete para "auto-governação" que inclui, no mínimo, uma auto-regra livre da interferência dos outros e de limitações que possam impedir a compreensão adequada e, logo, a escolha. Assim, um indivíduo autónomo é aquele que atua de acordo com a sua própria vontade, de acordo com um plano escolhido por si, sem interferências de terceiros.

Um indivíduo cuja capacidade de exercer a sua vontade seja controlada em algum aspeto ou limitada por algo ou alguém e que, desta forma, seja incapaz de deliberar ou agir com base nos seus desejos e planos, tem a sua autonomia diminuída. Assim, para que exista autonomia é essencial liberdade (independência de influências de controlo) e agência (capacidade de ação intencional).

No Kantismo, o respeito pela autonomia deriva do reconhecimento que todas as pessoas têm um valor incondicional e a capacidade de determinar o seu destino moral. Violar a autonomia é tratar a pessoa apenas como o meio, ou seja, de acordo com os objetivos do outro sem ter em consideração os da pessoa. Para o utilitarismo, a sociedade deve permitir o desenvolvimento dos indivíduos de acordo com as suas próprias convicções desde que não interfiram com a liberdade de expressão do outro ou que injustificadamente prejudiquem os outros. De acordo com esta teoria moral, pode existir necessidade de persuadir o outro quando as suas crenças são falsas ou deficientes.

O reconhecimento da autonomia envolve uma atitude de respeito pela pessoa humana e pelas suas ações, ou seja, aceitar o valor da pessoa e o seu direito à tomada de decisão. Inerente a esta ideia de respeito está a capacitação para a ação autónoma. O respeito pela autonomia implica dar peso às opiniões e escolha das pessoas não impedindo as suas ações exceto se lhe forem prejudiciais[174].

[174] A questão do respeito pela autonomia é colocada, com frequência, em contradição com a questão da autoridade (e.g., do Estado), uma vez que o exercício da autonomia, enquanto ação verdadeiramente livre, só acontece se a pessoa reconhecer que *supra se* existe uma autoridade moral que condiciona as regras morais. De acordo com Beauchamp and Childress não há inconsistência fundamental entre autonomia e autoridade se o indivíduo exercer a sua autonomia escolhendo aceitar a autoridade.

O respeito pela autonomia implica, na área da saúde, e, mais concretamente, da investigação epidemiológica, uma obrigação positiva, i.e., a obrigação de revelar toda a informação necessária para que a pessoa tome uma decisão informada; e uma obrigação negativa, i.e., garantir que não existem constrangimentos por parte de outros ao exercício da autonomia. Estas obrigações implicam regras morais como dizer a verdade, respeitar a privacidade e a confidencialidade ou obter consentimento para as intervenções[175].

Justiça

O conceito de justiça remete para aquilo a que se tem direito, que é adequado e que se merece à luz do ditado pela moral. Quando aquilo a que socialmente se tem direito é negado, há um ato ou omissão que nega ao indivíduo os recursos ou a proteção a que este tem direito[176].

Em saúde, o princípio da justiça é, frequentemente, encarado do ponto de vista da justiça distributiva, ou seja, distribuição justa, equitativa e apropriada dos direitos e das responsabilidades numa sociedade, determinada por normas justificáveis que estruturam as bases da cooperação social. A justiça pode ser encarada como um princípio formal, ou seja, iguais devem ser tratados como iguais ou como um princípio material, baseado na ideia de necessidade em que os recursos devem ser distribuídos de acordo com a necessidade.

As questões relacionadas com o princípio ético de justiça são, atualmente, muito discutidas na área das políticas públicas e, mais concretamente, na área da saúde. Do ponto de vista da investigação epidemiológica, o princípio da justiça deve orientar o acesso à investigação e, principalmente, aos seus benefícios, assegurando, por exemplo, que os indivíduos que participam num estudo epidemiológico não beneficiam de direitos de outra forma negados aos seus iguais, ou que são prejudicados; e aos resultados dessa investigação, garantindo que todos têm acesso aos resultados da investigação e podem dela beneficiar.

[175] Para uma discussão aprofundada acerca do princípio do respeito pela autonomia e competência para a decisão autónoma vide Beauchamp and Childress cap. 4, p. 99 a 117.
[176] Beauchamp and Childress.

Ética e investigação epidemiológica

A investigação epidemiológica é, com frequência, determinada pelos limites éticos que se colocam aos estudos com seres humanos. Como temos vindo a referir, os ensaios clínicos constituem-se como o melhor valor de prova científica no estudo da relação causa efeito. Contudo, os constrangimentos éticos colocados pela experimentação em seres humanos levam a que os desenhos experimentais sejam preteridos em relação aos observacionais. No entanto, os estudos observacionais não se encontram livres de constrangimentos éticos e o seu desenho e planeamento deve acautelar que os princípios da beneficência, da não maleficência, da justifica e do respeito pela autonomia são tidos em consideração e que os participantes da investigação estão protegidos.

Neste sentido, atualmente, é raro o estudo epidemiológico que não passe pelo crivo das comissões de ética, seja a nível das instituições de ensino, dos serviços de saúde ou de outras instituições envolvidas na investigação. Embora, muitas vezes, o processo de submissão ao conselho de ética seja moroso e burocrático é fundamental para garantir que os participantes na investigação epidemiológica estão protegidos contra os efeitos de investigações inúteis ou potencialmente deletérias.

O mais complexo ao desenhar um estudo epidemiológico é fazê-lo de forma a que 1) os indivíduos que participam no estudo o façam de forma informada, esclarecida e consciente; 2) resultem benefícios quer para os participantes quer para a população alvo que usufruirá, potencialmente, dos resultados do estudo; 3) se minimizem quaisquer riscos e danos que possam resultar do estudo.

A reflexão sobre os princípios éticos deve de se traduzir na explicação sobre como serão respeitados os direitos que deles resultam, nomeadamente, o direito à autodeterminação, à reserva da intimidade, ao anonimato e à confidencialidade[177], à proteção contra o desconforto e o

[177] O direito à autodeterminação é violado sempre que uma pessoa é constrangida a participar numa investigação, a autonomia do sujeito está reduzida por incompetência legal (e.g., idade) ou moral, a pessoa se torna participante de uma investigação sem saber ou os materiais da investigação são utilizados para outros fins para além daqueles para os quais foi dado consentimento. A informação privada, fornecida no contexto de um estudo epidemiológico, ou no contexto clínico, mais tarde, utilizada num estudo, não deve ser cedida a terceiros ou para outro fim, sem o consentimento explícito do participante. Adicionalmente, a infor-

prejuízo[178] e ao tratamento justo e equitativo[179]. Esta explicação é específica para cada estudo.

Analisemos um caso concreto. Suponhamos que queremos fazer um estudo transversal no qual iremos fazer o diagnóstico de sífilis em homens adultos. A sífilis é uma infeção sexualmente transmitida, habitualmente tratável com a administração de antibiótico. Um dos primeiros aspetos que devemos demonstrar é que existe um benefício em realizar o estudo. Este benefício deve de o ser para o indivíduo e para a população que este representa. No caso em análise, um dos benefícios é ser diagnosticado com uma infeção que pode ser tratada, o que, caso o indivíduo não participasse no estudo, poderia não acontecer. De igual forma, a população de onde provém o participante beneficia do estudo na medida em que, ao diagnosticar a doença e ao tratá-la, diminuímos o seu peso na população e, simultaneamente, evitamos a sua propagação. Aliás, o próprio estudo pode, inclusivamente, incluir o tratamento do(s) parceiro(s) sexual(is) do indivíduo infetado[180]. Imaginemos, agora, que nesse estudo iríamos utilizar uma nova técnica de diagnóstico em que existiria uma elevada probabilidade de ter um resultado positivo falso e em que esse resultado implicaria a realização de outros testes de

mação a ser fornecida deve de o ser de modo a proteger o participante mantendo o seu anonimato e garantindo o tratamento confidencial dos dados sensíveis.

[178] Relativamente à proteção contra o desconforto e o prejuízo podem ocorrer vários cenários: a investigação não produz nenhum efeito favorável ou desfavorável nos sujeitos (e.g. consulta de registos clínicos); existe um risco mínimo de sentir desconforto durante a investigação que termina quando termina a mesma (e.g., responder a um questionário); existe desconforto antes e após um estudo que se pode manifestar sob a forma de sentimentos de reprovação, falência, medo extremo; existe risco de incorrer num desconforto ou prejuízo permanente (e.g. novas drogas e tratamentos, SIDA, comportamento sexual); ou existem danos permanentes inevitáveis. No caso destes últimos, não existe justificação eticamente válida para a investigação.

[179] A distinção entre sujeitos que devem ou não participar na investigação deve basear-se na sua capacidade para suportar os pesos ou de adicionar mais peso (justiça social). A nível individual, não selecionar apenas os doentes que irão beneficiar das intervenções potencialmente benéficas e não selecionar os sujeitos "indesejáveis" para as intervenções com mais riscos.

[180] Em alguns casos, pode, inclusivamente, ser uma exigência ética que tal aconteça. Esta questão pode, contudo, entrar em conflito com a garantia do direito à intimidade e à confidencialidade, uma vez que o tratamento do parceiro sexual implica dar a conhecer o estado de infetado do participante. Outro aspeto que pode estar subjacente é a quebra do sigilo profissional, aspeto sobre o qual não nos iremos debruçar neste livro.

diagnóstico. Em termos absolutos, o participante do estudo continuaria a beneficiar de conhecer o diagnóstico e de ser tratado. Contudo, em termos relativos, o benefício poderia diminuir uma vez que aqueles com resultados positivos falsos teriam de ser submetidos a um teste adicional e sofreriam a "angústia" de um resultado que, na verdade, não seria verdadeiro. Por outro lado, imaginemos que existia uma elevada probabilidade do teste ter um resultado negativo falso, ou seja, os indivíduos doentes não seriam identificados, logo, não seriam tratados. Repare-se que, para os três cenários apresentados, há um benefício absoluto – diagnosticar e tratar uma infeção. No entanto, quando analisamos cada cenário em relação ao outro, existem diferenças substanciais em termos de benefícios. Este exemplo é paradigmático da dependência da análise ética da investigação epidemiológica do contexto, tipo de estudo ou dos métodos do estudo, entre outros.

Consentimento informado

Em termos da investigação epidemiológica, o princípio do respeito pela autonomia é materializado no consentimento informado. De uma maneira geral, o consentimento informado fornece a informação necessária aos participantes da investigação epidemiológica de modo a que possam decidir de forma autónoma acerca da sua participação no estudo. A capacidade de escolher de forma autónoma e consentir de forma válida está intimamente ligada à competência na tomada de decisão[181].

Existem vários tipos de consentimento informado sendo que a regra nos estudos epidemiológicos é o consentimento expresso[182,183], ou seja,

[181] Beauchamp and Childress.

[182] Existem exceções que permitem que não se obtenham consentimento por parte do indivíduo. Habitualmente, estas exceções ocorrem a nível da prática médica e incluem situações de emergência, incompetência ou renúncia: pode ainda ser invocado o privilégio terapêutico por parte do profissional de saúde, nomeadamente do médico que pode não revelar informação de forma legítima com base num juízo médico profundo de que a informação poderia potencialmente prejudicar um indivíduo deprimido, esgotado emocionalmente ou instável, por exemplo. Em ciências sociais a divulgação de informação pode ser apenas parcial ou pode haver dissimulação (*deception*) intencional (vide Michael Cheng-Tek Tai, 'Deception and Informed Consent in Social, Behavioral, and Educational Research (SBER)', *Tzu Chi Medical Journal*, 24.4 (2012), 218–22 <https://doi.org/10.1016/j.tcmj.2012.05.003>.)

aquele em que o indivíduo consente declaradamente em participar nos moldes que lhe são propostos. Outra forma de consentimento é o tácito que é expresso de forma silenciosa ou passivamente pela omissão[184]. Existe ainda o consentimento implícito, inferido a partir de ações. Este ocorre, por exemplo, quando preenchemos um questionário online (o preenchimento implica consentir na participação no estudo).

O consentimento pode, ainda, ser presumido a partir do que se sabe sobre as escolhas ou valores de uma pessoa. Pode acontecer, por exemplo, em situações extremas em que se parte do pressuposto da aceitação de um tratamento baseado naquilo que a pessoa praticou ao longo da sua vida. No entanto, nestes casos, o conflito ocorre com frequência uma vez que o consentimento se deve referir às escolhas presentes e não a presunções acerca das escolhas um indivíduo.

Inicialmente, o consentimento informado tinha como intuito proteger do mal. Atualmente, pretende proteger a escolha autónoma através da autorização autónoma de uma intervenção médica ou da participação na investigação.

O consentimento informado ocorre se, e apenas se, a pessoa detém uma compreensão substancial sobre o que está a consentir e não existe controlo substancial por parte de terceiros, autorizando intencionalmente algo específico (e.g., colheita de uma amostra biológica).

O consentimento informado é composto por duas componentes: a de informação e a de consentimento. São estas duas componentes que o distinguem de um vulgar consentimento, ou seja, pretende-se que a pessoa consinta algo mas de forma informada. Assim, na componente de informação é especificado o que, de facto, será consentido e sob que condições. Na componente de consentimento é tomada a decisão (voluntária) de consentir (e.g., em participar no estudo) e dada autorização para continuar.

O consentir de forma informada implica competência para agir, capacidade para receber informação detalhada e para compreender essa

[183] Na investigação epidemiológica, o consentimento informado pode ser dispensado quando são utilizados dados de fontes secundárias, anonimizados ou quando se utilizam registos clínicos. Ainda assim, a dispensa de consentimento informado carece de parecer por uma comissão de ética.

[184] O consentimento tácito mimetiza a figura jurídica do "valor declarativo do silêncio" prevista no art.218 do código civil português.

informação, capacidade para agir de forma voluntária na decisão e, por último, de consentir.

O elemento de informação deve englobar os factos ou descrições materiais imprescindíveis à decisão de recusar ou consentir na investigação, qual o objetivo de pedir o consentimento e qual a natureza e os limites do consentimento como ato de autorização[185]. No caso da investigação, a informação deve conter os objetivos e métodos da investigação, benefícios e riscos esperados, inconvenientes e desconfortos antecipados e direito do sujeito a sair do estudo sem penalização.

Considera-se que existe compreensão quando um indivíduo adquiriu informação pertinente sobre, por exemplo, natureza e objetivo da investigação, os riscos e os benefícios e tem crenças relevantes sobre a natureza e consequências das suas ações.

A decisão de consentir, como já referimos, deve ser voluntária, ou seja, livre de coação (uso de uma ameaça credível e severa de mal ou força para controlar o outro), persuasão (em que a pessoa é levada a acreditar em algo através de razões avançadas pelo outro) ou manipulação (mudando a perceção do indivíduo, por exemplo, através da informação que lhe é disponibilizada)[186].

Formulário de consentimento informado

Do ponto de vista prático, o formulário de consentimento informado deve ser redigido tendo em consideração as especificidades de cada investigação epidemiológica. Contudo, deve conter sempre as componentes de informação e de consentimento e os diferentes elementos que as constituem. Na redação do consentimento devemos ter em consideração as características gerais dos participantes do estudo (e.g., grau de literacia) de modo a garantir que, de facto, compreendem a informação a ser transmitida e, desta forma, consentem de forma realmente informada acerca da sua participação no estudo.

Não é objetivo dissertarmos sobre as questões inerentes ao consentimento informado como, por exemplo, a competência para consentir ou as condições contextuais que o permitem ou não. Pretendemos sim, assistir na redação de um termo de consentimento informado, algo que,

[185] Beauchamp and Childress.
[186] Beauchamp and Childress.

frequentemente, temos de fazer no desenho de um estudo epidemiológico. Alertamos para a complexidade de alguns consentimentos informados como é o caso daqueles usados em ensaios clínicos e que não constituirão matéria deste livro.

Na componente de informação do consentimento informado devem constar a problemática, os objetivos, o desenho do estudo, os instrumentos de colheita de dados, a seleção dos participantes, as vantagens de participação no estudo, os riscos e os benefícios, as consequências dos tratamentos, a participação voluntária, como será acautelada a possibilidade de desistência e exclusão do estudo a pedido do participante, a confidencialidade, as indemnizações em caso de prejuízo e a pessoa de contacto na equipa de investigação.

O Quadro 15 apresenta alguns elementos que devem constar na componente de informação de um consentimento informado, descreve-os sumariamente e ilustra-os com uma redação, usando, como exemplo, um estudo transversal sobre prevalência de infeção por HIV e tuberculose nos migrantes.

A componente de consentimento deve englobar todas as intervenções/medições previstas no estudo. Imaginemos que o estudo contempla a aplicação de um questionário, a colheita de um espécimen biológico (e.g., expetoração) e a realização de um teste rápido. O formulário deve conter a explicitação de autorização relativamente a cada uma das componentes (ver Caixa 1).

Caixa 1 – Exemplo da componente de consentimento de um consentimento informado

Tendo sido esclarecido acerca do que está acima escrito, eu, de forma consciente e livre, concordo que (assinale o que consente):

- ☐ utilizem as informações fornecidas por mim no questionário deste estudo;
- ☐ analisem uma amostra de expetoração por mim fornecida, no Laboratório A e de cujo resultado serei informado(a) por este serviço;
- ☐ conheçam o resultado do teste rápido de VIH que realizei na consulta

Independentemente da natureza do consentimento informado ou do estudo epidemiológico onde será aplicado, recomenda-se sempre a consulta dos Conselhos de Ética das instituições que chancelam os estudos bem como a Comissão Nacional de Proteção de Dados ou outras instituições no sentido de acautelar todos os princípios éticos e legais na realização de um estudo epidemiológico.

Quadro 15 – Sistematização e exemplo de alguns itens da componente de informação de um consentimento informado

Item	Descrição	Exemplo
Problemática	Breve apresentação do problema em estudo	Apesar de não existirem dados suficientes sobre a infeção pelo vírus da Sida e Tuberculose nos migrantes na Europa, parece que os migrantes têm maior risco de ter as duas doenças.
Objetivos	Descreve, em linguagem adequada ao participante o(s) objetivo(s) do estudo	Este estudo vai caracterizar a infeção pelo vírus da Sida e/ou a tuberculose nos migrantes. Gostaríamos de saber quais as características das pessoas que têm uma destas infeções e conhecer alguns comportamentos que as podem ter colocado em risco.
Motivo pelo qual o indivíduo foi convidado a participar no estudo	Esclarecer por que motivo aquele indivíduo é especificamente convidado para o estudo	A sua participação é muito importante para poder prevenir estas infeções entre os migrantes e contribuir para melhorar os cuidados que são prestados a esta comunidade. É por este motivo que o convidamos a responder.
Participação voluntária	Especificar que a participação é voluntária e que a recusa não trará consequências	É por este motivo que o convidamos a responder, de forma voluntária e anónima, ao questionário (nenhum investigador será capaz de ligar as suas respostas ao seu nome)
Desenho do estudo	Explicar brevemente como decorrerá o estudo	Vamos pedir que responda a um questionário. Vamos assinalar as suas respostas no questionário. Também lhe vamos pedir que escarre para um frasco para fazermos testes e saber se tem Tuberculose. Escarrar para o frasco é simples e não tem riscos para a sua saúde. Vamos analisar, no laboratório A a amostra (escarro). É uma análise demorada. Por isso, só saberá o resultado ao fim de 3 semanas. O resultado será enviado para (e.g., esta ONG) que o(a) informará do resultado e o ajudará a encontrar assistência especializada se tiver Tuberculose. Vamos pedir, também, que faça o teste rápido do vírus da Sida. O teste consiste numa picada de um dos dedos da mão e colheita de algumas gotas de sangue. A picada é ligeira e não existem riscos para a sua saúde. Os resultados do teste de Tuberculose e do VIH serão relacionados com o seu questionário através de um código, atribuído durante a consulta, o que assegurará o seu total anonimato. Para além do seu médico e do membro da ONG que lhe faz o rastreio e aplica o questionário, ninguém neste estudo terá acesso ao seu nome. Todos os elementos do estudo fizeram um compromisso de confidencialidade.
Anonimato e confidencialidade	Deve ser explicado se será garantido o anonimato e/ou a confidencialidade dos dados e de que forma	Os resultados do teste de Tuberculose e do vírus da Sida serão relacionados com o seu questionário através de um código, atribuído durante a consulta, o que assegurará o seu total anonimato. Para além do seu médico e do membro da ONG que lhe faz o rastreio e aplica o questionário, ninguém neste estudo terá acesso ao seu nome. Todos os elementos do estudo fizeram um compromisso de confidencialidade
Utilização dos dados	Descrever como serão usados os dados do estudo	Os dados deste estudo serão usados para a realização de trabalhos científicos que serão apresentados por escrito e em conferências/ encontros científicos

Desenho de um estudo observacional[187]

O desenho de um estudo epidemiológico é uma tarefa desafiante. A maior parte dos investigadores inicia o processo com bastante entusiasmo. Contudo, à medida que vai avançando nas questões metodológicas do estudo, e se depara com problemas que nem sempre são fáceis de resolver, quando tem de ponderar sobre o mal menor ou, simplesmente, fazer concessões entre aquilo que é o estudo ideal e o estudo exequível, o entusiasmo inicial poder-se-á esbater. No entanto, o desenho de um estudo epidemiológico é essencial para garantir seriedade metodológica, antecipar riscos e evitar eventuais vieses.

O mais frequente é termos de desenhar estudos epidemiológicos observacionais pelo que, neste capítulo, apresento alguns passos que podem ajudar um investigador entusiasta a cumprir esta fase importante de qualquer investigação epidemiológica.

Por que motivo necessitamos de um protocolo de investigação? Em primeiro lugar, o protocolo de um estudo é um guia de consulta para os investigadores e para os seus colaboradores que deve ser usado com frequência durante a implementação do estudo, a recolha de dados e a sua análise. Por outro lado, quando escrevemos um protocolo, estamos a garantir o rigor do estudo, ou seja, que a implementação deste não será afetada pelos resultados do próprio estudo ou por qualquer outra questão que possa, entretanto, surgir.

[187] vide Fronteira, Ines, 'How to Design a (Good) Epidemiological Observational Study. Epidemiological Research Protocol at a Glance', *Acta Médica Portuguesa*, 26.6 (2013), 731–36.

O formato do protocolo de um estudo varia de acordo com a área de conhecimento (e.g., epidemiologia versus sociologia), o tipo de estudo (ensaio clínico aleatorizado versus estudo transversal) ou o fim a que se destina o protocolo (e.g., para candidatura a um financiamento versus obtenção de um grau académico). No entanto, existem vários aspetos comuns a todos os protocolos.

De uma forma geral, um protocolo de um estudo epidemiológico divide-se em título, introdução ou justificação do tema, objetivos e métodos. Embora todos os capítulos sejam importantes, o capítulo de métodos é aquele que deve assumir maior destaque. É neste capítulo que desenharemos o estudo de modo a evitar erros e vieses, que nos comprometemos em termos de validade interna e externa e apresentaremos os passos necessários para que o estudo possa ser replicado por outros.

Uma questão também relevante é o fim a que se destina o protocolo uma vez que o seu formato e estrutura podem variar. De um modo geral, os protocolos podem ser escritos para nos candidatarmos a um financiamento, obter um grau académico ou guiar um investigador na condução de uma investigação com qualquer outro fim para além dos mencionados anteriormente (e.g., realizar um estudo epidemiológico com o fim de submeter um artigo para publicação numa revista internacional).

Independentemente do fim a que se destina, o protocolo de investigação é sempre necessário e deve ser escrito antes da implementação do estudo. Neste capítulo, apresentamos o formato "académico" e geral de um protocolo de investigação de um estudo epidemiológico observacional.

Linguagem e estilo

A linguagem e o estilo de escrita do protocolo de um estudo epidemiológico devem ser simples, diretos, concisos e, preferencialmente, usando o futuro como tempo verbal, dado que estamos a escrever as nossas intenções antes da execução do estudo. Pode-se usar a segunda pessoa do plural (e.g., iremos aplicar um questionário) ou o impessoal (e.g., aplicar-se-á um questionário).

As frases devem ser curtas. Deve ser feito parágrafo sempre que o foco do discurso é alterado. Quando escrevemos um protocolo devemos sempre partir do pressuposto de quem o irá ler poder não ser um conhecedor do tema. Assim, a sua redação deve ser clara e não levantar questões. Os conceitos devem ser claramente definidos logo desde o início do protocolo. Imaginemos que estamos a fazer um estudo sobre indivíduos em idade escolar. Devemos definir quando utilizamos o termo "indivíduos em idade escolar" quem são estes indivíduos no contexto do nosso estudo. São as crianças do ensino básico? São todos aqueles abrangidos pelo ensino obrigatório? Ao apresentarmos a definição, deixa de haver dúvidas e situamos, claramente, o leitor do protocolo na nossa investigação.

Título

O título do estudo deve ser compreensivo e claro. Idealmente deve explicitar a tríade epidemiológica – tempo, pessoas e lugar – e incluir o tipo de estudo[188]. A referência a estes quatros aspetos ajuda os leitores do protocolo (sejam professores ou avaliadores de uma agência de financiamento) a contextualizar o estudo. Ao ser explicitado o tipo de estudo indicamos também ao leitor qual o tipo de evidência que irá ser dada pelo estudo assim como as principais limitações (i.e., em termos de desenho do estudo). Se pensarmos nos resultados finais de um estudo, como, por exemplo, um artigo publicado numa revista internacional, um bom título que se "explique por si mesmo" pode ajudar os leitores que procuram bibliografia a encontrar exatamente aquilo que procuram e, desta forma, aumentar a probabilidade do estudo ser citado[189]. Um exemplo de um título claro: Estudo transversal sobre satisfação profissional e intenção de abandono da profissão dos médicos de uma unidade de cuidados intensivos de um hospital universitário do Porto, Portugal, em 2017. Neste título temos a identificação do tipo de estudo (transversal), das pessoas (médicos), do lugar (unidade de cuidados intensivos de um hospital universitário do Porto, Portugal) e do tempo (2017).

[188] von Elm and others.

[189] Atualmente, não só é importante a publicação dos estudos mas, também, o número de vezes que os mesmos são citados. Trata-se de uma medida do impacto do estudo na sua área de conhecimento.

Introdução

A introdução deve incluir (1) a revisão da literatura/ estado da arte sobre o problema em estudo e os (2) objetivos ou hipóteses em estudo.

Revisão da literatura

Num protocolo de investigação epidemiológica, o objetivo da revisão de literatura é contextualizar o problema em estudo. É descrito, no geral, o que se sabe acerca do problema, i.e., devemos responder ao porquê, quem, quando e como do problema. A revisão de literatura deve relacionar o estudo com o diálogo mais abrangente na literatura, preencher as lacunas de conhecimento e apresentar os estudos anteriores[190]. Adicionalmente, a revisão de literatura deve direcionar o leitor em relação à questão de investigação ou às hipóteses do estudo que pretendemos realizar.

Para redigir uma revisão de literatura devemos definir as palavras-chave e as bases de dados relevantes para o nosso estudo. Depois de definirmos as palavras-chave, que aconselhamos a que sejam, sempre que possível, descritores em ciências em saúde (ou Medical Subject Headings – MeSH)[191], devemos pesquisar as bases de dados usando as palavras definidas e, posteriormente, selecionar a literatura (artigos, teses, documentos, livros) que possa contribuir para a discussão sobre o tema. Após uma leitura atenta dos materiais devemos de os categorizar de acordo com o(s) tema(s) que abordam e redigir, então, a revisão, usando a nossa própria linguagem e citando, adequadamente, os autores em que nos baseámos.

Uma forma interessante e efetiva de escrever a revisão da literatura é utilizando uma estrutura por argumentos. Com isto queremos dizer que devemos de identificar, enquanto redigimos a revisão, três ou quatro argumentos e que devemos, depois, desenvolver esses argumentos de acordo com as leituras que fizemos. Suponhamos que o nosso estudo é sobre a relação entre a diabetes e a tuberculose num país de baixa renda (país A). Os nossos argumentos podem ser 1) O país A está numa fase

[190] Creswell, John, *Research Design:*, 3rd ed (Sage Publications, Inc, 2009).

[191] Para mais informação vide 'Medical Subject Headings – Home Page' <https://www.nlm.nih.gov/mesh/> [accessed 13 February 2018].

de transição epidemiológica com concomitância de doenças infeciosas e doenças crónicas como a diabetes; 2) Existe uma relação entre tuberculose e diabetes mellitus que altera significativamente os desfechos de ambas as condições; 3) A tuberculose é uma doença infeciosa com um impacto importante no país A; 4) Desconhece-se a prevalência de diabetes mellitus nos doentes com tuberculose no país A.

Independentemente da estruturação ou não em argumentos, nas abordagens quantitativas, como é o caso da epidemiologia, preferimos partir do geral para o particular na revisão de literatura. Consideremos o exemplo anterior da relação entre a diabetes mellitus e a tuberculose no país A. Devemos começar por discernir sobre o que se sabe sobre esta situação no mundo, depois em países semelhantes em termos epidemiológicos e demográficos ao país A e, finalmente, no país A.

Um aspeto muito importante quando estamos a redigir a revisão da literatura, independentemente da sua natureza mais ou menos extensa, é que esta não só deve levar o leitor do protocolo a perceber a relevância do nosso estudo como deve ser a base da discussão dos resultados que iremos obter mais tarde.

Objetivos

Depois da redação da revisão de literatura, devemos enunciar, claramente, os objetivos ou hipóteses do estudo epidemiológico. Estes devem decorrer da questão de investigação à qual pretendemos responder com o estudo e devem refletir o desenho do estudo.

A definição dos objetivos vai ajudar a focar a investigação evitando trabalho extra e desvios da intenção inicial do estudo, vieses, análises desnecessárias, entre outros. Devemos enunciar o objetivo geral, mais abrangente e, depois, os específicos. O primeiro deve estar em consonância com os segundos que contribuem para a sua consecução. Enquanto os objetivos gerais podem ser mais latos, os específicos devem ser mensuráveis e claros. Vejamos um exemplo. Queremos estudar, através de um estudo transversal, a prevalência de uma doença e dos fatores que lhe estão associados. Para este exemplo, podemos definir como objetivos geral "compreender a prevalência da doença e de alguns fatores associados". Idealmente, devemos adicionar informação acerca do tempo (e.g., em 2018), das pessoas (e.g., numa amostra de indivíduos com mais de 18 anos) e do lugar (e.g., na cidade A).

Repare-se que, o objetivo geral do estudo não deve ser dissociado da natureza do desenho do estudo. Assim, o objetivo geral de um estudo transversal deve indicar o estudo de uma prevalência tal como o objetivo de um estudo de caso-controlo deve mencionar a inerente comparação entre casos e controlos. Atentemos neste exemplo simples: pretendemos estudar a associação entre diabetes mellitus e tuberculose. Vamos, para efeitos deste exercício, supor que a nossa hipótese de partida é que a diabetes mellitus aumenta a suscetibilidade dos indivíduos à tuberculose. Se optarmos por um estudo transversal, o objetivo geral pode ser enunciado como "Descrever a associação entre diabetes mellitus e tuberculose...". No caso de um estudo caso-controlo o objetivo poderia ser "Comparar a prevalência de diabetes mellitus nos indivíduos com tuberculose (casos) e sem tuberculose (controlos)...".

De igual forma, os objetivos específicos devem, também, ser redigidos de forma a refletir a natureza do estudo, para além de representarem as diferentes etapas que terão de ser cumpridas de modo a atingir o objetivo geral e dar resposta à questão de investigação que originou o estudo.

Voltando ao exemplo anterior, para o objetivo geral "compreender a prevalência da doença e de alguns fatores associados", podemos definir como objetivos específicos: descrever as características da amostra (e.g., sociodemográficas, clínicas, etc); estimar a prevalência da doença; descrever a associação entre as características da amostra e a prevalência.

Métodos

Depois de definir a pergunta de investigação, o objetivo geral e os objetivos específicos, e tendo em consideração o desenho de estudo que iremos utilizar, devemos descrever exaustivamente os métodos que iremos utilizar. Na realidade, a definição de um protocolo de um estudo epidemiológico, não é uma tarefa simples e linear.

Habitualmente, os métodos derivam do tipo de paradigma[192] que o investigador pretende adotar: quantitativo, qualitativo ou misto[193].

[192] De acordo com *A Dictionary of Epidemiology*, ed. by Porta, Miquel and others, 6th Edition (IEA, 2014). refere-se a uma série de pressupostos usados para analisar uma questão científica.

[193] Para uma discussão sobre métodos mistos vide R. Burke Johnson, Anthony J. Onwuegbuzie, and Lisa A. Turner, 'Toward a Definition of Mixed Methods Research', *Journal of*

Em epidemiologia, testamos objetivamente as teorias através da análise da relação entre variáveis, ou seja, trabalhamos no paradigma quantitativo. Tal pressupõe um pensamento dedutivo, evitando vieses, tentando controlar explicações alternativas, tornando possível a generalização e a reprodutibilidade dos estudos. A consciencialização acerca do tipo de paradigma é extremamente importante uma vez que determinará que métodos iremos usar e que referências metodológicas devemos usar, mantendo, desta forma, uma coerência metodológica ao longo do protocolo do estudo.

A secção de métodos deve incluir, no mínimo, o desenho do estudo, a população e amostra, os instrumentos de colheita de dados, as variáveis em estudo e a análise dos dados. Adicionalmente, e dependendo do tipo de estudo e do fim a que se destina o protocolo, pode, ainda, conter outros elementos como, por exemplo, o contexto onde irá decorrer o estudo.

Esta secção é a mais importante de um protocolo de um estudo epidemiológico e será aquela que irá permitir "seguir o plano" e garantir a reprodutibilidade do estudo. Devemos considerar sempre ao escrevermos esta secção que quem a leia seja capaz de executar o estudo tal como nós o faríamos. Devemos, por isso, ser minuciosos, precisos e claros.

Desenho do estudo

A definição clara do desenho do estudo é fundamental. Claro que podemos ter dado algumas "pistas" desde que iniciámos a redação do protocolo ou podemos, mesmo, ter referido o desenho do estudo (e.g., no título). No entanto, tal não invalida que o façamos novamente aqui, num capítulo inequívoco onde qualquer pessoa que consulte o protocolo encontre essa informação. Assim, devemos definir claramente o tipo de estudo que pretendemos realizar, usando a taxonomia dos estudos epidemiológicos e apresentando uma referência para esse tipo de estudo. Ao fazê-lo, introduzimos o leitor numa série de "atribuições" do estudo

Mixed Methods Research, 1.2 (2007), 112–33 <https://doi.org/10.1177/1558689806298224>; Joanna E. M. Sale, Lynne H. Lohfeld, and Kevin Brazil, 'Revisiting the Quantitative-Qualitative Debate: Implications for Mixed-Methods Research', *Quality & Quantity*, 36.1 (2002), 43–53 <https://doi.org/10.1023/A:1014301607592>.

que teremos de definir, assim como alguns problemas/ vieses que serão inerentes ao desenho do estudo. Daremos, também, uma primeira indicação da força da evidência científica que será produzida com o estudo.

Contexto

Nem sempre a descrição do contexto se justifica. Imaginemos que queremos fazer um estudo sobre saúde da mulher. Para tal precisamos de mulheres, desejavelmente saudáveis e, preferencialmente, geograficamente juntas (para evitar dispersão dos elementos amostrais e gastos de tempo e dinheiro). Neste caso, podemos optar por estudar enfermeiras que estejam a trabalhar numa instituição da saúde. Reparem que, neste exemplo, embora o contexto seja a instituição de saúde, na verdade, não é relevante para o estudo ou para os seus resultados.

Na descrição do contexto, devemos optar pelos elementos que ajudarão na compreensão quer do problema em estudo quer dos resultados obtidos ou de outros aspetos relacionados com a implementação do estudo. Por exemplo, se formos realizar um estudo numa maternidade de Moçambique, não é relevante descrever a localização geográfica do país, o número de habitantes ou a densidade populacional.

A descrição do contexto pode, assim, incluir, e tendo em consideração a natureza e foco do estudo, o tipo de contexto (comunitário ou institucional), dados sobre a colheita de dados (e.g., locais, datas), eventos ou datas relevantes, períodos de recrutamento para o estudo, informação acerca da exposição e seguimento[194].

População e amostra

A secção de população e amostra é uma das mais críticas. Habitualmente, temos de tomar uma série de decisões em relação à seleção dos indivíduos que devem ser estudados o que pode condicionar a validade externa do estudo. Devemos ser cautelosos e descrever todos os passos que tomámos de forma a garantir a reprodutibilidade do estudo. Assim devemos explicar por que motivo escolhemos realizar um estudo censitário (i.e., em que usamos todos os elementos da população) ou uma

[194] von Elm and others.

amostra. De seguida, devemos definir a população, mesmo nos casos em que optemos por usar uma amostra, enumerar os critérios de elegibilidade, explicar os motivos que levaram a escolher um tipo de amostra aleatória ou não aleatória e, dentro destes dois grupos, o tipo (e.g., aleatória simples, por quotas, etc).

Quando pretendemos usar uma amostra, devemos, igualmente, explicar como foi calculado o tamanho mínimo da amostra, apresentando as fórmulas matemáticas ou, em alternativa, a referência do software e os parâmetros usados no cálculo (e.g., parâmetro, nível de confiança, precisão). De seguida devemos explicar como foi feita a seleção das unidades amostrais apresentando, se necessária, uma descrição passo-a-passo (Exemplo 1).

Exemplo 1 – Redação de população e amostra

A população do estudo é composta por enfermeiros que exercem funções no hospital, incluindo os enfermeiros especialistas, chefes e diretores, num total de 1354. Serão excluídos do estudo, os enfermeiros que, à altura do mesmo, se encontrem a exercer funções fora do hospital.

Será selecionada uma amostra aleatória simples. A dimensão mínima da amostra foi calculada em 333 unidades amostrais, para uma proporção esperada de 50%, uma precisão de 5%, um nível de confiança de 95%, uma perda de 10% e uma população finita de 1354 elementos.

O Quadro 15 resume outros elementos que devem constar na secção população e amostra.

Quadro 15 – Elementos que devem ser explicados em população e amostra de acordo com o tipo de estudo[195]

Elementos	Estudo transversal	Estudo caso-controlo	Estudo coorte
Critérios de elegibilidade	✓	✓	✓
Fontes e métodos de seleção dos participantes	✓	✓ (avaliação dos casos e seleção dos controlos)	✓
Definição de caso e de controlo		✓	
Justificação para a escolha dos casos e dos controlos		✓	
Rácio de controlos por caso		✓	
Critérios de emparelhamento (nos estudos com emparelhamento)		✓	✓
Métodos de seguimento			✓
Número de expostos e de não expostos			✓

Colheita de dados

A descrição da colheita de dados é fundamental e deve ser exaustiva. Deve abranger os instrumentos de colheita de dados e o método de colheita de dados. Por instrumentos de colheita de dados entendemos questionários, formulários, inquéritos, *checklists*, grelhas de observação, entre outros, independentemente de serem em papel ou eletrónicos. Também incluímos nestes "instrumentos" o registo de parâmetros analíticos ou antropométricos (cujos valores registaríamos num formulário, por exemplo).

Num estudo epidemiológico podemos usar um ou mais instrumentos de colheita de dados. Por exemplo, podemos usar um questionário de caracterização sociodemográfica e um formulário para registar dados antropométricos. Todos os instrumentos de colheita de dados que serão utilizados durante o estudo devem ser mencionados (Exemplo 2).

[195] von Elm and others.

Exemplo 2 – Redação da colheita de dados

Neste estudo serão colhidos dados demográficos e socioeconómicos, dados sobre comportamentos e práticas relacionadas com a infeção por VIH, a TB ou a coinfecção VIH/TB, sendo realizado o teste rápido de diagnóstico de VIH e colhida uma amostra de expetoração.

Os dados demográficos, socioeconómicos, de comportamentos e práticas e dados clínicos serão colhidos através de questionário anónimo, de perguntas de resposta fechada, a ser aplicado por entrevista presencial ao imigrante. A entrevista será realizada por um colaborador da instituição devidamente treinado para o efeito. O questionário será composto por 4 módulos – caracterização sociodemográfica, comportamentos e práticas, infeção por VIH e aspetos relacionados com a TB. O módulo de caracterização demográfica compreenderá questões acerca de idade, sexo, caracterização da situação imigrante, situação profissional, escolaridade, rendimento mensal, caracterização da residência, agregado familiar, peso, altura e co-morbilidades (...)

Será solicitado, a cada participante do estudo, que forneça uma amostra de expetoração. A amostra de expectoração será colhida na altura da entrevista para o estudo. Será colhida apenas uma amostra por imigrante, de acordo com o descrito no anexo a este protocolo. Apesar ser recomendada a colheita de 3 amostras, em três dias consecutivos, preferencialmente em jejum, a colheita de uma única amostra, sem a condição de jejum ou de não ingerir alimentos há mais de 2 horas justifica-se pela natureza da população imigrante e o tipo de contacto com a instituição (rápido, objetivo e desejavelmente singular). Ao colher apenas uma amostra, no momento do contacto voluntário do imigrante com a instituição, pretende-se não o sobrecarregar com o "peso" (e.g., faltas ao trabalho, gastos com transportes) de duas deslocações adicionais.

Em relação ao instrumento e colheita de dados podem ocorrer três cenários[196] 1) vamos usar um instrumento de colheita de dados que já foi desenhado e validado para a população do nosso estudo; 2) o instrumento de colheita de dados já foi desenhado e aplicado noutras populações mas não se encontra validado para a do nosso estudo ou 3) iremos desenhar o instrumento que será usado no nosso estudo para dar resposta aos objetivos do mesmo.

Quando o instrumento de colheita de dados que iremos usar já está validado para a população do estudo devemos incluir uma breve explicação acerca do mesmo (e.g., objetivo, como foi desenvolvido, como é feita

[196] Podem existir estudos em que o objetivo é, por exemplo, testar um novo teste diagnóstico ou desenvolver um algoritmo de diagnóstico, por exemplo. Nesses casos existem especificidades do protocolo e nomeadamente dos instrumentos e colheita de dados que não constituem matéria deste livro.

a codificação e a pontuação) e do processo de validação, usando, para o efeito, as referências bibliográficas do trabalho original.

No caso de um instrumento que será desenhado "de novo" para o estudo, devemos mencionar qual o tipo de instrumento que iremos usar (e.g., formulário, questionário, grelha de verificação), o tipo de questões (e.g., perguntas de resposta fechada ou aberta), o seu desenho geral e o motivo que nos levou a desenhá-lo dessa forma (e.g., se está organizado por secções, que secções surgem em primeiro lugar ou em último lugar), o volume e a complexidade. Se tivermos de traduzir o instrumento, proceder à sua adaptação cultural e/ou validá-lo devemos incluir uma descrição detalhada dos métodos que iremos utilizar.

Para além destas informações, devemos ainda incluir uma descrição das condições em que os dados serão colhidos (e.g., entrevista presencial, envio postal, envio eletrónico, etc). É também boa prática analisar, nesta secção, as implicações da opção pelos instrumentos e pelo método de colheita em termos da qualidade dos dados que serão obtidos (e.g., taxa de resposta expectável, viés de resposta)[197].

Variáveis

Nesta secção do protocolo, devemos identificar claramente as variáveis dependentes e independentes, assim como eventuais variáveis de confundimento, interação ou de modificação de efeito[198] (Exemplo 3).

Exemplo 3 – Redação para variáveis

Este estudo compreende uma variável dependente (causa de morte), variáveis independentes (grande grupo profissional, profissão por grupos e grupo profissional), variáveis de potencial confundimento (sexo, idade, grupo etário, nacionalidade e estado civil) e outras variáveis que caracterizam o óbito (tipo de óbito, tipo de óbito não natural, base em que foi indicado o óbito e local do óbito).

[197] Vide Machin, David and Campbell, Michael, *Design of Studies for Medical Research* (John Wiley & Sons Ltd., 2005).

[198] Ainda que, em alguns estudos, a nomenclatura em variáveis dependentes, independentes, de confundimento e de interação possa não ser aplicável, devem ser sempre definidas as variáveis em estudo.

Dependendo do fim a que se destina o protocolo que estamos a redigir, poder-se-á justificar a inclusão de um quadro de operacionalização das variáveis do estudo. Este quadro deve conter o nome da variável, a sua definição, o tipo, a escala de medida e o domínio (valores que a variável pode tomar) (Exemplo 4).

Exemplo 4 – Quadro de operacionalização de variáveis

Variável	Definição	Tipo	Escala	Domínio
Idade	-	Quantitativa	Numérica	Em anos completos
Sexo	-	Qualitativa	Nominal	Masculino/Feminino
Proveniência	Indica a proveniência do doente	Qualitativa	Nominal	Urgência Consulta externa Internamento

Análise dos dados

A análise dos dados deriva dos objetivos que foram definidos para o estudo. Assim, ao escrever esta secção, é importante revisitá-los de modo a garantir que a análise que propomos será, de facto, a mais adequada para lhes dar resposta.

Adicionalmente, devemos esclarecer como serão introduzidos os dados na base de dados, que programas iremos usar para gerir e analisar os dados e descrever exaustivamente a análise que será realizada. Idealmente deve ser preparado um plano de análise de dados, mencionando quais as medidas que serão calculadas para cada variável, que variáveis irão ser cruzadas, que estatísticas serão calculadas e quais os testes estatísticos que serão aplicados (Exemplo 5).

Exemplo 5 – Plano de análise dos dados (para cruzamento de duas variáveis)

Variável 1	Variável 2	Análise estatística
Sexo	Idade em anos	Média e desvio padrão Mediana e amplitude interquartílica Valor mínimo e valor máximo Teste T-student para amostras independentes

Em alternativa, devemos mencionar, de uma forma genérica a análise que iremos realizar de acordo com o tipo de variável (e.g., calcular medidas de tendência central para variáveis de escala numérica) ou o tipo de análise (e.g., para estudar a relação entre duas variáveis de escala numérica iremos usar o coeficiente de correlação de Pearson). No caso de considerarmos a utilização de análise multivariada, devemos mencionar o tipo e os critérios para escolher as variáveis que serão consideradas nessa análise (Exemplo 6). Outras análises, como, por exemplo, a análise de clusters ou a análise fatorial, devem, igualmente, ser mencionadas. Adicionalmente devemos definir o nível de significância que iremos considerar no estudo assim como a forma como serão tratadas as variáveis com dados com omissão (*missing values*)[199].

Exemplo 6 – Análise dos dados

A. As diferenças entre as variáveis de escala nominal ou ordinal em cada uma das subamostras serão testadas utilizando o teste do Qui-quadrado de Pearson com correção de segunda ordem de Rao-Scott para independência

B. Para determinar o efeito das variáveis independentes nas variáveis dependentes ordinais, ajustando para eventuais confundimentos, utilizar-se-á a análise de regressão ordinal usando a função *Link* de acordo com os critérios de distribuição de frequências das classes da variável dependente. Sempre que não exista homogeneidade de declives, utilizar-se-á, como alternativa, o modelo de regressão multinomial. O efeito de cada variável na variável dependente será avaliado recorrendo ao teste F ajustado para o efeito do desenho pela estatística de Wald e respetivo valor de prova (corrigido para comparações múltiplas pelo método de Bonferroni).

Caso o estudo compreenda, por exemplo, a análise de produtos biológicos, deve, igualmente, ser explicado como é que estes serão processados e analisados.

Implementação

É nesta secção que descrevemos, de preferência de forma exaustiva, como será implementado o estudo. Assim, devemos incluir todos os passos que iremos dar para o implementar, desde a preparação do protocolo, aquisição de serviços (caso se aplique), obtenção de autorização

[199] Vide Fronteira, Ines, 'How to Design a (Good) Epidemiological Observational Study' para mais informação sobre os elementos que devem constar nesta seção.

por parte das entidades envolvidas para realizar o estudo (e.g., Conselhos de Administração das instituições de saúde), submissão e aprovação pelo Conselho de Ética, formação da equipa do estudo, verificação dos dados, análise dos mesmos ou redação do relatório ou produtos finais (e.g., artigo científico), entre outros.

Todos os pedidos submetidos a entidades externas, como é o caso dos Conselhos de Ética devem ser mencionados e, dependendo do fim a que se destina o protocolo, as cartas ou formulários correspondentes podem ser anexados ao protocolo.

É frequente a inclusão, nesta secção, de um plano de trabalho, habitualmente sob a forma de cronograma ou gráfico de Gantt. No cronograma são apresentadas as atividades (à esquerda), as unidades de tempo em dias, semanas ou anos, dependendo do horizonte temporal do estudo e o tempo que cada atividade leva a ser completada. Neste tipo de representação, conseguimos facilmente identificar quais as tarefas que irão decorrer em simultâneo, quais as tarefas independentes e quais as que irão depender das anteriores (Exemplo 7).

Exemplo 7 – Cronograma

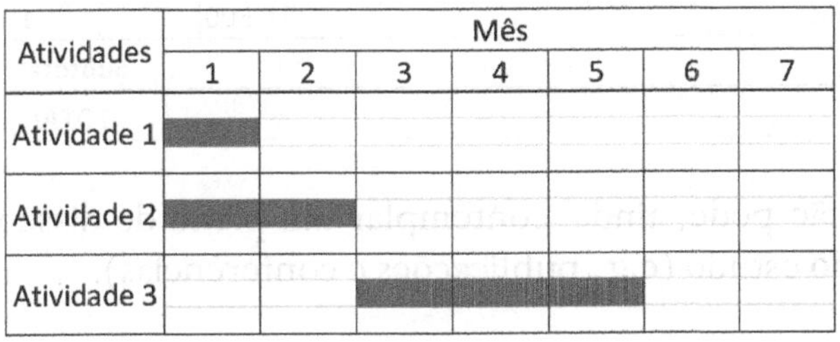

Com base nesta informação, facilmente podemos identificar as tarefas de risco, o que pode ajudar a desenhar alternativas de modo a que consigamos cumprir o cronograma. Por vezes, são também identificados *milestones* (marcos) que, mais tarde, aquando da execução do estudo, nos permitirão monitorizar a sua prossecução. Podem, também, ser identificados os produtos que irão ser produzidos ao longo do estudo como instrumentos de colheita de dados, relatórios parcelares, artigos para publicação. Principalmente quando o protocolo do estudo se destina a uma candidatura a financiamento, quer os *milestones* quer os produtos (*deliverables*) têm de ser explicitados.

Mesmo quando o protocolo do estudo é desenhado com outro fim que não a candidatura a um financiamento, devemos apresentar, nesta secção, uma estimativa dos custos. O orçamento deve ser realista, conter informação detalhada, habitualmente organizada por grandes grupos (e.g., recursos humanos, viagens e acomodação, aquisição de serviços), com referência ao custo unitário e ao custo total (Exemplo 8).

Exemplo 8 – Orçamento

ITEM	Custo unitário (em euros)	Quantidade	Total
VIAGENS E ALOJAMENTO			
Voo	1523	2	3046
Alojamento	100	15	1500
		Subtotal	**4546**
RECURSOS HUMANOS			
Técnico	200	15	3000
		Subtotal	**3000**
AQUISIÇÕES E SERVIÇOS			
Consumíveis	500	1	500
Comunicações	500	1	500
		Subtotal	**1000**
		TOTAL	**8546**

Esta secção pode, ainda, contemplar um plano de disseminação dos resultados do estudo (e.g., publicações e conferências).

Considerações éticas e legais e conflitos de interesse

Por ultimo, no protocolo de um estudo epidemiológico deve sempre constar um capítulo sobre os aspetos éticos e legais que lhe estão inerentes. Não é suficiente referir que iremos respeitar os princípios éticos. Devemos explicar de forma exaustiva quais os imperativos éticos do estudo e como serão ultrapassados. Para orientação, devemos de nos reportar aos princípios da beneficência, explicando de que forma o estudo irá beneficiar quer os participantes quer a população de onde estes provêm; da não maleficência, clarificando quais os riscos (se existirem) e como estes serão ultrapassados ou minimizados; da autonomia e respeito pela pessoa e da justiça. Adicionalmente, e caso se justifique, devemos abordar explicitamente questões como o anonimato, confidencialidade, direito à informação, entre outras. No Exemplo 9 apresentamos uma redação relativa às condições éticas e legais, indicando a que princípio se refere.

Devem igualmente ser declarados eventuais conflitos de interesse. Estes ocorrem quando o investigador tem um interesse (e.g., pessoal, financeiro) que pode afetar a sua objetividade ou influenciar os resultados do estudo[200].

Idealmente devemos anexar, caso se aplique, os formulários de consentimento informado, pedidos de autorização a entidades externas (e.g., comissão de proteção de dados) ou qualquer outra documentação que demonstre o cumprimento das questões éticas e legais do estudo (ver capítulo QUESTÕES ÉTICAS NA INVESTIGAÇÃO EPIDEMIOLÓGICA).

[200] Elsevier, Ethics and Research Publication, 'Ethics: Conflict of Interest Fact Sheet' <http://www.publishingcampus.elsevier.com/websites/elsevier_publishingcampus/files/Guides/ETHICS_conflictofinterest_english.pdf> [accessed 20 August 2018].

Exemplo 9 – Questões éticas e legais

JUSTIÇA: Este estudo, pretende testar um método que permita conhecer a prevalência de TB e de infecção ou co-infecção por VIH entre os imigrantes da área metropolitana de Lisboa. O conhecimento acerca da prevalência destas doenças possibilitará perceber se é necessário um ajuste nas políticas de saúde destinadas a imigrantes. Adicionalmente, e embora se trate de um estudo numa área geográfica restrita, o facto desta ter maior proporção de imigrantes permitirá perceber a realidade desta população e extrapolá-la para populações semelhantes noutras regiões do país.

BENEFICÊNCIA: Os imigrantes poderão realizar dois testes para duas doenças com importante impacto na qualidade de vida e relevantes em termos de saúde pública. Adicionalmente, os participantes receberão alguma informação acerca da infeção por VIH e da TB.

NÃO MALEFICÊNCIA: O desconforto derivado da aplicação do questionário será minimizado proporcionando um ambiente privado, calmo e tranquilo. A colheita de expetoração será igualmente realizada em lugar privado, com ou sem a presença do entrevistador, conforme a vontade do imigrante. Embora a punção do dedo para a realização do teste rápido seja desconfortável, considera-se que esse desconforto é mínimo e largamente ultrapassável pela possibilidade do participante conhecer o estado serológico para uma infeção passível de ser tratada e controlada, aspeto fundamental para manter a qualidade de vida do imigrante. De qualquer forma, o imigrante será informado desse desconforto.

AUTONOMIA: Será solicitado, aos imigrantes que aceitem participar no estudo, que assinem o consentimento informado (anexo IV), indicando a modalidade de participação no estudo (responder ao questionário, realizar o teste rápido de VIH e fazer colheita de expetoração ou qualquer combinação destas opções). No caso dos participantes não saberem assinar será solicitada a impressão digital. Uma cópia do consentimento informado será entregue ao participante sendo que a outra ficará na posse da ONG de modo a que não seja possível, à equipa de investigação, identificar os imigrantes que participaram no estudo através dos seus nomes e/ou assinaturas no consentimento informado.

CONFIDENCIALIDADE E ANONIMATO: Será atribuído a cada questionário um número de entre uma lista de números distribuída a cada entrevistador de modo a evitar repetição de números de identificação quando existir mais de um entrevistador. Por exemplo, o entrevistador 1 receberá os questionários com identificação de 1 a 20 e o entrevistador 2 os questionários com a identificação de 21 a 40. O número atribuído ao questionário será utilizado para identificar o frasco de colheita de expetoração e para preencher o formulário de registo do resultado do teste rápido de VIH. Apenas será possível à equipa da ONG fazer a correspondência entre o número de identificação do questionário e o imigrante a que se refere. Tal é necessário para que a ONG, depois de ser informada pela equipa de investigação dos números com amostra com cultura positiva para *M. tuberculosis*, possa fazer a devolução do resultado da análise microbiológica ao imigrante.

A redação do protocolo de um estudo epidemiológico pode consumir tempo e, por vezes, ser uma tarefa entediante. No entanto, a escrita do protocolo é um pré-requisito para um estudo epidemiológico com menor tendência para vieses.

Todos os capítulos devem ser escritos cuidadosamente, com uma linguagem clara, definindo e explicando conceitos fundamentais para a compreensão do estudo de modo a fomentar o rigor e permitir a reprodutibilidade do estudo. Idealmente, o protocolo deve explicar e justificar as decisões metodológicas tomadas, devidamente sustentadas em referências bibliográficas.

Um protocolo bem redigido e fundamentado é um bom plano de contingência, ajudando a lidar com eventuais problemas ou questões que surjam aquando da implementação do estudo. Por último, ao escrevemos o protocolo, ficamos com a secção de métodos e, por vezes a introdução escrita e que podem ser usadas no relatório final do estudo ou como base para publicações científicas.

BIBLIOGRAFIA

Alderson, P, S Green, and J Higgins, 'Cochrane Reviewers' Handbook 4.2.3.' <http://www.cochrane.org/resources/handbook/hbook.htm>

Altman, Douglas G, *Practical Statistics for Medical Research*, First Edition (Chapman & Hall / CRC, 1999)

Beauchamp, Tom, and James Childress, *Principles of Biomedical Ethics*, 6th Edition (New York: Oxford University Press)

Bhopal, Raj, *Concepts of Epidemiology: An Integrated Introduction to Ideas, Principles and Methods of Epidemiology* (Oxford University Press, 2002)

Bland, J. M., and D. G. Altman, 'Measuring Agreement in Method Comparison Studies', *Statistical Methods in Medical Research*, 8 (1999), 135–60 <https://doi.org/10.1177/096228029900800204>

Boslaugh, Sarah, *Secondary Data Sources for Public Health: A Practical Guide*, Practical Guides to Biostatistics and Epidemiology (Cambridge University Press, 2007)

Breslow, N.E, and N.E Day, *Statistical Methods in Cancer Research – the Design and Analysis of Cohort Studies* (International Agency for Research on Cancer, 1987), II <http://www.iarc.fr/en/publications/pdfs-online/stat/sp82/SP82_vol2-0.pdf>

Cash, Richard, Daniel Wikler, Abha Saxena, and Alexander Capron, eds., *Casebook on Ethical Issues in International Health Research* (World Health Organization, 2009)

Concato, John, and Ralph I. Horwitz, 'Beyond Randomised versus Observational Studies', *Lancet (London, England)*, 363 (2004), 1660–61 <https://doi.org/10.1016/S0140-6736(04)16285-5>

Coughlin, Steven, and Beauchamp, Tom, *Ethics and Epidemiology* (Oxford University Press, 1996)

Council for International Organizations of Medical Sciences, and World Health Organization, 'International Ethical Guidelines for Biomedical Research Involving Human Subjects', 2002 <http://www.cioms.ch/publications/guidelines/guidelines_nov_2002_blurb.htm> [accessed 16 January 2017]

Creswell, John, *Research Design:*, 3rd ed (Sage Publications, Inc, 2009)

Department of Health, Education, and Welfare, and National Commission for the Protection of Human Subjects of Biomedical and Behavioral Research, 'The Belmont Report. Ethical Principles and Guidelines for the Protection of Human Subjects of Research', *The Journal of the American College of Dentists*, 81 (2014), 4–13

von Elm, Erik, Douglas G. Altman, Matthias Egger, Stuart J. Pocock, Peter C. Gøtzsche, Jan P. Vandenbroucke, and others, 'The Strengthening the Reporting of Observational Studies in Epidemiology (STROBE) Statement: Guidelines for Reporting Observational Studies', *Annals of Internal Medicine*, 147 (2007), 573–77

Elsevier, Ethics and Research Publication, 'Ethics: Conflict of Interest Fact Sheet' <http://www.publishingcampus.elsevier.com/websites/elsevier_publishingcampus/files/Guides/ETHICS_conflictofinterest_english.pdf> [accessed 20 August 2018]

Elwood, Mark, *Critical Appraisal of Epidemiological Studies and Clinical Trials*, 2nd ed (New York: Oxford University Press, 1998)

Evans, Alfred S., 'Causation and Disease: The Henle-Koch Postulates Revisited', *The Yale Journal of Biology and Medicine*, 49 (1976), 175–95

Ferguson, Linda, 'External Validity, Generalizability, and Knowledge Utilization', *Journal of Nursing Scholarship: An Official Publication of Sigma Theta Tau International Honor Society of Nursing*, 36 (2004), 16–22

Friedman, Gary, *Primer of Epidemiology*, 5th ed (McGraw-Hill Companies, Inc, 2004)

Fronteira, Ines, 'How to Design a (Good) Epidemiological Observational Study: Epidemiological Research Protocol at a Glance', *Acta Médica Portuguesa*, 26 (2013), 731–36

———, '[Observational studies in the era of evidence based medicine: short review on their relevance, taxonomy and designs]', *Acta Médica Portuguesa*, 26 (2013), 161–70

Gerstman, Burt, *Epidemiology Kept Simple: An Introduction to Classic and Modern Epidemiology*, 2nd edition (Willey-Liss, Inc)

Glasziou, Paul, Iain Chalmers, Michael Rawlins, and Peter McCulloch, 'When Are Randomised Trials Unnecessary? Picking Signal from Noise', *BMJ*

(Clinical Research Ed.), 334 (2007), 349–51 <https://doi.org/10.1136/bmj.39070.527986.68>

Glasziou, Paul, Jan Vandenbroucke, and Iain Chalmers, 'Assessing the Quality of Research', *BMJ*, 328 (2004), 39–41 <https://doi.org/10.1136/bmj.328.7430.39>

Gordis, Leon, *Epidemiology*, 5th edition (Saunders Elsevier, 2009)

Gradmann, Christoph, 'A Spirit of Scientific Rigour: Koch's Postulates in Twentieth-Century Medicine', *Microbes and Infection*, 16 (2014), 885–92 <https://doi.org/10.1016/j.micinf.2014.08.012>

Greenberg, Raymond, Daniels, Stephen, Flanders, W. Dana, Eley, John, and Boring III, John, *Medical Epidemiology*, Fourth edition (McGraw-Hill Companies, Inc, 2005)

Greenland, S., and J. Robins, 'Invited Commentary: Ecologic Studies-Biases, Misconceptions, and Counterexamples', *American Journal of Epidemiology*, 139 (1994), 747–60

Gregg, Michael, ed., *Field Epidemiology*, 3rd edition (Oxford University Press, 2008)

Gregson, S., 'HIV Decline Associated with Behavior Change in Eastern Zimbabwe', *Science*, 311 (2006), 664–66 <https://doi.org/10.1126/science.1121054>

Grimes, David A., and Kenneth F. Schulz, 'Compared to What? Finding Controls for Case-Control Studies', *Lancet (London, England)*, 365 (2005), 1429–33 <https://doi.org/10.1016/S0140-6736(05)66379-9>

Hill, Austin Bradford, 'The Environment and Disease: Association or Causation?', *Proceedings of the Royal Society of Medicine*, 58 (1965), 295–300

Hippocrates, *On Airs, Waters and Places* (Kessinger Publishing, 5AD)

'John Snow – a Historical Giant in Epidemiology' <http://www.ph.ucla.edu/epi/snow.html> [accessed 11 April 2018]

Johnson, R. Burke, Anthony J. Onwuegbuzie, and Lisa A. Turner, 'Toward a Definition of Mixed Methods Research', *Journal of Mixed Methods Research*, 1 (2007), 112–33 <https://doi.org/10.1177/1558689806298224>

Katz, Kenneth A., Henry Fisher Raymond, Kyle T. Bernstein, and Jeffrey D. Klausner, 'Knowledge, Attitudes, and Practices Regarding Syphilis Screening among Men Who Have Sex with Men in San Francisco', *Sexually Transmitted Diseases*, 40 (2013), 318–22 <https://doi.org/10.1097/OLQ.0b013e3182809760>

Katzung, Bertram, Susan Masters, and Anthony Trevor, *Farmacologia Básica e Clínica*, 12ª edição (Porto Alegre: AMGH Editora Ltda, 2014)

Kleinbaum, David, Sullivan, Kevin, and Barker, Nancy, *A Pocket Guide to Epidemiology* (Springer, 2007)

Koh, Gavin C. K. W., Gemma Hawthorne, Alice M. Turner, Heinke Kunst, and Martin Dedicoat, 'Tuberculosis Incidence Correlates with Sunshine: An Ecological 28-Year Time Series Study', *PloS One*, 8 (2013), e57752 <https://doi.org/10.1371/journal.pone.0057752>

Lang, Eddy, 'The Why and the How of Evidence-Based Medicine', *McGill Journal of Medicine*, 8 (2004) <https://doi.org/10.1002/9781118643440.ch4>

Lavery, James, Christine Grady, Elizabeth Wahl, and Ezekiel Emanuel, eds., *Ethical Issues in International Biomedical Research: A Casebook* (Oxford University Press, 2007)

Levin, Kate Ann, 'Study Design III: Cross-Sectional Studies', *Evidence-Based Dentistry*, 7 (2006), 24–25 <https://doi.org/10.1038/sj.ebd.6400375>

Lifton, Robert, *The Nazi Doctors: Medical Killing and the Psychology of Genocide* (Basic books, 2000)

Lilienfeld, David, and Stolley, Paul, *Foundations of Epidemiology*, 3rd edition (Oxford University Press, 1994)

Lipton, Robert, and Terje Ødegaard, 'Causal Thinking and Causal Language in Epidemiology: It's in the Details', *Epidemiologic Perspectives & Innovations: EP+I*, 2 (2005), 8 <https://doi.org/10.1186/1742-5573-2-8>

Lovato, Laura C., Kristin Hill, Stephanie Hertert, Donald B. Hunninghake, and Jeffrey L. Probstfield, 'Recruitment for Controlled Clinical Trials: Literature Summary and Annotated Bibliography', *Controlled Clinical Trials*, 18 (1997), 328–52 <https://doi.org/10.1016/S0197-2456(96)00236-X>

Machin, David, and Campbell, Michael, *Design of Studies for Medical Research* (John Wiley & Sons Ltd., 2005)

McLaren, L., and P. Hawe, 'Ecological Perspectives in Health Research', *Journal of Epidemiology and Community Health*, 59 (2005), 6–14 <https://doi.org/10.1136/jech.2003.018044>

'Medical Subject Headings – Home Page' <https://www.nlm.nih.gov/mesh/> [accessed 13 February 2018]

Mephan, Ben, *Bioethics: An Introductions for the Biosciences* (Oxford University Press, 2006)

Milner, Allison, Andrew Page, and Anthony D. LaMontagne, 'Duration of Unemployment and Suicide in Australia over the Period 1985-2006: An Ecological Investigation by Sex and Age during Rising versus Declining National Unemployment Rates', *Journal of Epidemiology and Community Health*, 67 (2013), 237–44 <https://doi.org/10.1136/jech-2012-201594>

Mora, José Ferrater, *Dicionário de Filosofia* (Lisboa: Publicações Dom Quixote, 1982)

Morabia, Alfredo, 'Epidemiological Methods and Concepts in the Ninetheen Century and Their Influences in the Twentieth Century', in *The Development of Modern Epidemiology: Personal Reports from Those Who Were*

There, ed. by Holland, Walter, Olsen, Jorn, and Florey, Charles (Oxford University Press, 2008), pp. 17–29

Morabia, Alfredo, 'History of the Modern Epidemiological Concept of Confounding', *Journal of Epidemiology and Community Health*, 65 (2011), 297–300 <https://doi.org/10.1136/jech.2010.112565>

–––, 'Hume, Mill, Hill, and the Sui Generis Epidemiologic Approach to Causal Inference', *American Journal of Epidemiology*, 178 (2013), 1526–32 <https://doi.org/10.1093/aje/kwt223>

Olsen, J., M. Melbye, S. F. Olsen, T. I. Sørensen, P. Aaby, A. M. Andersen, and others, 'The Danish National Birth Cohort--Its Background, Structure and Aim', *Scandinavian Journal of Public Health*, 29 (2001), 300–307

Olsen, Jorn, Christensen, Kaare, Murray, Jeff, and Ekbom, Anders, *An Introduction to Epidemiology for Health Professionals*, Springer Series on Epidemiology and Health (Springer, 2010)

Omran, Abdel R, 'The Epidemiologic Transition: A Theory of the Epidemiology of Population Change', *The Milbank Quarterly*, 83 (2005), 731–57 <https://doi.org/10.1111/j.1468-0009.2005.00398.x>

Pocock, Stuart, *Clinical Trials: A Practical Approach* (John Wiley & Sons Ltd., 2000)

Pocock, Stuart J., Timothy J. Collier, Kimberley J. Dandreo, Bianca L. de Stavola, Marlene B. Goldman, Leslie A. Kalish, and others, 'Issues in the Reporting of Epidemiological Studies: A Survey of Recent Practice', *BMJ (Clinical Research Ed.)*, 329 (2004), 883 <https://doi.org/10.1136/bmj.38250.571088.55>

Porta, Miguel, Sander Greenland, and John Last, *A Dictionay of Epidemiology*, 5th Edition (New York: Oxford University Press, 2008)

Porta, Miquel, Greenland, Sander, Hernán, Miguel, Silva, Isabel dos Santos, Last, John M., and Burón, Andrea, eds., *A Dictionary of Epidemiology*, 6th Edition (IEA, 2014)

Porter, Roy, *The Greatest Benefit to Mankind: A Medical History of Humanity* (W.W. Norton & Company, Inc, 1997)

'Pulmonary Diseases – How Tobacco Smoke Causes Disease: The Biology and Behavioral Basis for Smoking-Attributable Disease – NCBI Bookshelf' <https://www.ncbi.nlm.nih.gov/books/NBK53021/> [accessed 16 February 2018]

Richardson, S., C. Guihenneuc-Jouyaux, and V. Lasserre, 'Re: Ecologic Studies--Biases, Misconceptions, and Counterexamples', *American Journal of Epidemiology*, 143 (1996), 522–23

Rothman, Keneth, *Epidemiology: An Introduction*, 2nd edition (New York: Oxford University Press, 2012)

Rothman, Keneth, and Sander Greenland, *Modern Epidemiology*, 2nd Edition (Lippincott Williams & Wilkins, 1998)

Rothman, Kenneth J., and Sander Greenland, 'Causation and Causal Inference in Epidemiology', *American Journal of Public Health*, 95 Suppl 1 (2005), S144-150 <https://doi.org/10.2105/AJPH.2004.059204>

Sale, Joanna E. M., Lynne H. Lohfeld, and Kevin Brazil, 'Revisiting the Quantitative-Qualitative Debate: Implications for Mixed-Methods Research', *Quality & Quantity*, 36 (2002), 43–53 <https://doi.org/10.1023/A:1014301607592>

Saracci, R, 'Epidemiological Concepts Pre-1950 and Their Relation to Work in the Second Half of the Century', in *The Development of Modern Epidemiology: Personal Reports from Those Who Were There*, ed. by Holland, Walter, J Olsen, Jorn, and Florey, Charles (Oxford University Press, 2008), pp. 31–40

Saracci, Rodolfo, 'Introducing the History of Epidemiology', in *Teaching Epidemiology: A Guide for Teachers in Epidemiology, Public Health and Clinical Medicine*, ed. by Jorn Olsen, Rodolfo Saracci, and Dimitrius Trichopoulos, 2nd Edition (Oxford University Press, 2001)

Schlesselman, James, *Case-Control Studies* (Oxford University Press, 1982)

Serrão, Joel, and Rui Grácio, *Filosofia*, 3ª (Lisboa: Livraria Sá da Costa Editora, 1970)

Silva, Isabel dos Santos, *Cancer Epidemiology: Principles and Methods* (International Agency for Research on Cancer, 1999) <http://www.iarc.fr/en/publications/pdfs-online/epi/cancerepi/CancerEpi.pdf>

Snow, John, *Sobre a Maneira de Transmissão Da Cólera* (São Paulo: Hucitec, 1990)

Spilker, Bert, *Guide to Clinical Trials* (Raven Press, 1991)

Susser, Mervyn, and Stein, Zena, *Eras in Epidemiology: The Evolution of Ideas* (Oxford University Press, 2009)

Tai, Michael Cheng-Tek, 'Deception and Informed Consent in Social, Behavioral, and Educational Research (SBER)', *Tzu Chi Medical Journal*, 24 (2012), 218–22 <https://doi.org/10.1016/j.tcmj.2012.05.003>

The National Commission for the Protection of Human Subjects of Biomedical and Behavioral Research, 'The Belmont Report', 1979 <https://www.hhs.gov/ohrp/regulations-and-policy/belmont-report/#xinform>

UNESCO, 'Declaração Universal Dos Direitos Do Homem', *GDDC | Direitos Humanos: Textos Internacionais | Instrumentos e Textos Universais*, 1948 <http://www.gddc.pt/direitos-humanos/textos-internacionais-dh/tidhuniversais/cidh-dudh.html> [accessed 11 January 2017]

Vandenbroucke, Jan P., 'When Are Observational Studies as Credible as Randomised Trials?', *Lancet (London, England)*, 363 (2004), 1728–31 <https://doi.org/10.1016/S0140-6736(04)16261-2>

VanderWeele, Tyler J., 'On the Distinction between Interaction and Effect Modification', *Epidemiology (Cambridge, Mass.)*, 20 (2009), 863–71 <https://doi.org/10.1097/EDE.0b013e3181ba333c>

Varghese, Beens, Julie E. Maher, Thomas A. Peterman, Bernard M. Branson, and Richard W. Steketee, 'Reducing the Risk of Sexual HIV Transmission: Quantifying the per-Act Risk for HIV on the Basis of Choice of Partner, Sex Act, and Condom Use', *Sexually Transmitted Diseases*, 29 (2002), 38–43

Vlak, Monique H. M., Gabriel J. E. Rinkel, Paut Greebe, and Ale Algra, 'Independent Risk Factors for Intracranial Aneurysms and Their Joint Effect: A Case-Control Study', *Stroke*, 44 (2013), 984–87 <https://doi.org/10.1161/STROKEAHA.111.000329>

Wakefield, Jonathan, 'Ecologic Studies Revisited', *Annual Review of Public Health*, 29 (2008), 75–90 <https://doi.org/10.1146/annurev.publhealth.29.020907.090821>

Weed, D. L., and R. E. McKeown, 'Ethics in Epidemiology and Public Health I. Technical Terms', *Journal of Epidemiology & Community Health*, 55 (2001), 855–57 <https://doi.org/10.1136/jech.55.12.855>

'WMA – The World Medical Association-WMA Declaration of Helsinki – Ethical Principles for Medical Research Involving Human Subjects' <https://www.wma.net/policies-post/wma-declaration-of-helsinki-ethical-principles-for-medical-research-involving-human-subjects/> [accessed 21 February 2018]

World Health Organization, 'Constitution of the World Health Organization', 1948 <http://www.who.int/governance/eb/who_constitution_en.pdf>

VanderWeele, Tyler J., 'On the Distinction between Interaction and Effect Modification', *Epidemiology* (Cambridge, Mass.), 20 (2009), 863–71 <https://doi.org/10.1097/EDE.0b013e3181ba333c>

Varghese, Beena, Julie E. Maher, Thomas A. Peterman, Bernard M. Branson, and Richard W. Steketee, 'Reducing the Risk of Sexual HIV Transmission: Quantifying the per-Act Risk for HIV on the Basis of Choice of Partner, Sex Act, and Condom Use', *Sexually Transmitted Diseases*, 29 (2002), 38–43

Vilar-Montesinos [illegible] H. M., Gabriel [illegible], and [illegible] Alegre, 'Independent Risk Factors for [illegible] and Their Joint Effect: A Case-control Study', *Stroke*, 44 (2013), [illegible] <https://doi.org/10.1161/STROKEAHA.[illegible]>

Wakefield, Jonathan, 'Ecologic Studies Revisited', *Annual Review of Public Health*, 29 (2008), 75–90 <https://doi.org/10.1146/annurev.publhealth.29.020907.090821>

Weed, D. L., [illegible], *Annals of Epidemiology*, [illegible] (2001), [illegible] <https://doi.org/10.1016/[illegible]>

WMA — The World Medical Association, 'WMA Declaration of Helsinki – Ethical Principles for Medical Research Involving Human Subjects' <https://www.wma.net/[illegible]> [accessed [illegible] February 2018]

World Health Organization, [illegible] <https://[illegible]>

ÍNDICE REMISSIVO

ÍNDICE GERAL